UNIVERSITÉ DE FRANCE.

ACADÉMIE DE STRASBOURG.

THÈSE
POUR LA LICENCE

PRÉSENTÉE

A LA FACULTÉ DE DROIT DE STRASBOURG,

ET SOUTENUE PUBLIQUEMENT

LE VENDREDI 22 AOUT 1856, A MIDI,

PAR

ADOLPHE POIZAT,

DE STRASBOURG (BAS-RHIN).

STRASBOURG,
IMPRIMERIE DE G. SILBERMANN, PLACE SAINT-THOMAS, 3.
1856.

A MON PÈRE.

A MA MÈRE.

A. POIZAT.

FACULTÉ DE DROIT DE STRASBOURG.

MM. AUBRY ✱ . . . . . . doyen et prof. de Droit civil français.
HEPP ✱ . . . . professeur de Droit des gens.
HEIMBURGER . . . . . professeur de Droit romain.
THIERIET ✱ . . . . . professeur de Droit commercial.
SCHÜTZENBERGER ✱ . professeur de Droit administratif.
RAU ✱ . . . . professeur de Droit civil français.
ESCHBACH . . . . . . professeur de Droit civil français.
LAMACHE ✱ . . . . . professeur de Droit romain.
DESTRAIS . . . . . . professeur de procédure civile et de législation criminelle.

BLOECHEL ✱ . . . . . professeur honoraire.

MICHAUX-BELLAIRE.
BEUDANT. . . . . . . } professeurs suppléants provisoires.

BÉCOURT, officier de l'Université, secrétaire, agent compt.

MM. DESTRAIS, président de l'acte public.
AUBRY,
HEPP, } examinateurs.
BEUDANT,

La Faculté n'entend ni approuver ni désapprouver les opinions particulières au candidat.

DROIT ROMAIN.

De emptione et venditione.

GENERALIA.

Emptio et venditio est contractus ex consensu, quo venditor ut præstet emptori rem licere habere, emptor autem ut pretium solvat obligantur.

Ad hujus contractûs substantiam pertinent: consensus, res et pretium.

I. *De consensu.* — Emptio et venditio quum juris gentium sit, solo consensu peragitur: indè sequitur eos qui consentire non valent, ut furiosi, impuberes, neque emere, neque vendere posse.

Sed aliquando evenit ut non solo consensu peragatur venditio, scilicet quum partes inter sese convenerunt ut instrumenta conficerentur. Idem fit quum ad gustum veniit res quæ degustari solet: quo enim casu, non ante perfecta emptio est, quam res degustata sit.

Quum arrhæ datæ sunt, nihilominùs solo consensu perfectus est contractus, sed pœnitendi facultatem habent partes. Ante Justinianum eo solùm pertinebant arrhæ ut evidentiùs probari posset convenisse de pretio; sed Imperator hunc effectum arrhis adjecit ut pœnitere liceret, scilicet ut si venditor venditionem recusârit, in duplum arrhas restitueret emptori autem recusanti, earum repetitio denegaretur.

In ipsâ venditione, in re atque in pretio partes consentire debent: igitur si ego vendidisse, tu autem conduxisse putares; si ego Stichum vendere, tu autem Pamphilum emere velles, emptio nulla esset.

II. *De re.* — Sine re nullam esse venditionem procul dubio est. Idcircò si de re contrahatur, quæ jam exstincta sit, ut si domus combusta sit, etiamsi area maneat, nihil agitur: attamen si sciens exstinctam rem emerim, in eo stabit contractus, ut pretium solvere debeam.

Sed si pars rei exstincta sit, si minor quidem, venditio est, sed ex arbitratu boni viri minuetur pretium.

Omnium rerum quæ in commercio sunt, etiam futurarum rerum ut pendentium fructuum, etiam spei, etiam incorporalium ut hereditatis vel actionum imo alienarum rerum venditio recte fit.

Earum autem quæ vel natura, vel gentium jus, vel mores civitatis commercio exemerunt, venditio nulla est: itaque neque liber homo, neque res divini juris, neque publica, neque furtiva, vel litigiosa res recte venire possunt.

III. *De pretio.* — Pretium in numeratâ pecuniâ consistere, verum esse, certum esse debet.

1° In pecuniâ numeratâ consistere debet: pretio enim emptio a permutationibus discrepat. Attamen olim prudentes inter sese disputabant an sine numis venditio dici posset: Sabinus et Cassius esse emptionem putabant; Nerva et Proculus permutationem, non emptionem hoc esse: quum neque emptor, neque venditor, neque pretium, neque merx discerni posset: quorum sententiam Justinianus jure comprobavit.

Si partim res, partim nummi dentur, a majore parte ejus quod datur, talis contractus vel emptio, vel permutatio appellatur.

2º Verum esse debet pretium: itaque si quis in venditione pretium rei ponat, donationis causâ, non exacturus, non videtur vendere. Idem dicendum de eo qui nummo uno vendidit, hoc enim non pretium appellari potest: aliud de viliore pretio: vilius pretium, sed pretium tamen.

3º Certum esse vel certum fieri posse debet pretium: si quis tanti rem emit quanti eam Titius æstimaverit, certum quidem non est pretium, sed certum fieri potest, itaque venditio valet; sed non perfecta erit, nisi res a Titio æstimata erit: quod si ille eam æstimare noluerit vel non potuerit, tum pro nihilo est venditio, quasi nullo statuto pretio.

Quum emptio venditio re, pretio et consensu perfecta est, nascuntur ultro citroque obligationes.

CAPUT PRIMUM.

DE VENDITORIS OBLIGATIONIBUS.

Venditor rem tradere, evictionem præstare debet, atque latentium vitiorum nomine tenetur.

§ 1.

In primis rei vacuam possessionem venditor tradere debet. Non intelligitur vacuam possessionem tradidisse, si quis jure eam avocaverit[1].

Videamus quomodo fiat traditio. — Tradere est possessionem rei ad alterum transferre. Res mobilis traditur quum e manu in manum datur: res autem immobilis tradita videtur, quum venditor in eam emptorem duxit, atque ille ibi ambulavit.

[1] L. 3, D., XIX, 1.

Sed non necesse est corpore et tactu apprehendere possessionem: argumento sunt res, quæ propter magnitudinem ponderis moveri non possunt, ut columnæ: nam pro traditis habentur, si in re præsenti consenserint, et vina tradita videntur, quum claves cellæ vinariæ emptori traditæ fuerint[1]. Si venditorem, quod emerim, deponere in meâ domo jusserim, possidere me certum est, quamquam id nemo attigerit; aut si vicinum mihi fundum mercatum venditor in meâ turre demonstret, vacuamque possessionem se tradere dicat, non minùs possidere cœpi, quamsi pedem finibus intulissem[2]. Quibus omnibus casibus, oculis et affectu apprehenditur possessio.

Interdum etiam sine traditione nuda volontas venditoris sufficit ad rem transferendam: veluti si rem, quam commodavi, aut locavi tibi, aut apud te deposui, vendidero tibi; licet enim ex eâ causâ tibi eam non tradiderim, eo tamen quod patior eam ex causâ emptionis apud te esse, tuam efficio[3]. Idem evenit quum venditor locati nomine rem retinet: nam per colonos aut inquilinos nostros possidemus.

In venditionibus incorporalium rerum, quæ in jure consistunt neque tangi possunt, usus et patientiâ pro traditione est.

Intra tempus præfinitum, in loco statuto; venditor rem tradere debet.

Res cum omni causâ, id est cum accessione et fructibus tradenda: verbi gratiâ, si quid post emptionem fundo accesserit, id ad emptoris commodum pertinet.

[1] L. 1, § 21, D., XLI, 2.
[2] L. 18, § 2, ibid.
[3] L. 9, § 5, D., XLI, 2.

Omne quod distracto servo etiam a venditore datum est, omnes hereditates quæ per hunc servum acquisitæ, emptori restitui debent.

Fructus quoque ex die emptionis, si pretium numeratum sit ad emptorem pertinent[1]. Si venditor in mora sit, non solùm perceptos atque pendentes, verum etiam percipiendos fructus restituere debet.

Qui certum modum vendidit, hunc modum præstare debet: nisi præstet, emptor adversus eum agere potest ut modum perficiat. Sed sciendum est littora, quæ vendito fundo conjuncta sunt, aut vias publicas, aut loca religiosa quia nullius sunt, non computari in modum. Qui fundum tradiderat jugerum centum, fines multò ampliùs emptori demonstraverat[2]; attamen quod superest repetere non poterit, imò si quid ex his finibus evinceretur, pro bonitate ejus emptori præstandum esset, quamvis id quod relinqueretur, centum jugera haberet. Quum duorum fundorum venditor separatim de modo cujusque pronuntiaverit, et ità utrumque uno pretio tradiderit, et alteri aliquid desit, quamvis in altero exsuperet, consentaneum esset juris præceptis non prodesse venditori quod superest: sed prudentes æstimaverunt æquius esse lucrum cum damno compensari, et si quid deest emptori sive pro modo, sive pro qualitate loci, hoc ei resarciris.

Usque ad traditionem, venditor talem custodiam præstare debet, qualem bonus paterfamilias suis rebus adhibet, nisi per emptorem mora sit, quo casu de dolo solùm tenetur. Quod si res, sine venditoris culpâ pereat, emptori perit; nam ejus periculum esse debet, cu-

[1] Paul, *Sent.*, II, 17, § 7.
[2] L. 45, *D.*, XXI, 2.

jus et commodum est. Sed si res ad pondus, numerum, mensuramve venditæ sint, periculum ad emptorem non transit, nisi adpensæ, vel adnumeratæ sint. Sed sciendum est, cum res periit, venditorem, etsi rem ipsam tradere non cogi possit, non tamen omni obligatione erga emptorem liberari: nam omnes actiones quæ domino competunt, ut de furto, emptori exhibere debet.

Si quis rem suam vendidit, traditione dominium ad emptorem transfert: traditionibus enim, non nudis conventionibus dominia transferuntur.

Igitur si tu mihi tuam jam anteà venditam sed non traditam rem, rursùs vendideris atque tradideris, non poterit prior emptor eam vindicare, quia non dominus est, ego autem traditione dominus factus sum. Attamen hoc notandum est, res venditas atque traditas non aliter emptori adquiri, quam si is venditori pretium solverit, vel alio modo satisfecerit, veluti pignore dato; nisi is qui vendidit fidem emptoris secutus sit [1].

Quum autem a non domino res vendita est, traditione emptor dominus non fit: nam nemo plus juris ad alium transferre potest quàm ipse habet. Sed tamen hoc casu, contractus non irritus videtur, nam venditor emptori quod promisit, præstitit, id est: rem licere habere.

§ 2.

Alia venditoris obligatio in eo consistit ut evictionem præstet.

Evincere est aliquid vincendo auferre: evincitur qui petitori rem restituere debet, vel qui damnatus est litis æstimatione, vel qui quum possessorem convenisset, repulsus est.

[1] § 41, Inst., II, 1.

Ut emptor adversus venditorem evictionis nomine regressum habeat, oportet evictionis causam ante venditionem natam esse : verbi gratiâ, si quis non suam rem vendiderit.

Evictio dicitur cum fundum alienum mihi vendidisti et hic ex causâ lucrativâ meus factus est.

Non solùm quum emptori sed etiam quum illi cui rem emptor vendidit, res aufertur, regressus in venditorem datur: nam emptoris interest ei cui auctoritatem ipse praestare debet, res non auferri. Indè sequitur si res quam Titio emi, legata est a me, non posse legatarium a domino rei conventum, venditori meo denuntiare, nisi cessae fuerint ei actiones [1].

Regressum adversùs venditorem emptor habet solùm quum damnatus est: itaque si quis mihi rem alienam vendiderit et ego posteà illam rem venditoris non fuisse cognoverim, in venditorem agere mihi non licebit, quandiu a domino rei non conventus erim; nisi tamen sciens ignoranti rem alienam vendiderit: quo casu venditor in id tenetur quanti meâ intersit, meam esse factam: nam dolum malum abesse praestare debet. Emptor a domino conventus venditori vel heredibus ejus litem denuntiare debet; nisi enim denuntiasset et si victus esset quòd parum instructus esset aut quoniam judex iniquus fuisset, hoc ipso quod non denuntiasset, dolo malo fecisse videretur et ex empto agere non posset. Quolibet denuntiari tempore potest, dum tamen ne id prope ipsam condemnationem fiat. Si ei qui mihi vendidit, plures heredes extiterunt, una de evictione obligatio est, omnibus denuntiari oportet, et omnes

---

[1] L. 39, D., XXI, 2.

defendere debent; si de industriâ non venerint in judicium, unus tamen ex his liti substitit, propter denuntiationis vigorem et prædictam absentiam omnibus vincit aut vincitur; rectèque cum ceteris agam, quod evictionis nomine victi sunt [1].

Nunc videamus in quantùm emptor adversùs venditorem regressum habeat? Primum pretium repetere poterit; nam pretium solvit ut venditor rem ei liceret habere, quum autem ille suas obligationes implere nequeat, id recepit quod ei non deberetur atque condictione indebiti id restituere tenebitur [2].

Non solùm pretium restituere debet, sed etiam in id quod supra pretium emptoris interest tenetur. Verbi gratiâ si in hominem quem emerim, erudiendum, sumptus fecerim, de his sumptibus in venditorem actione empti agere possem. Attamen si in tantum pretium excessisse proponas, ut non sit cogitatum a venditore de tantâ summâ, veluti si ponas agitatorem posteà factum vel pantomimum, evictum esse eum qui minimo vænit pretio, iniquum videtur in magnam quantitatem obligari venditorem. Sed si sciens quis alienum vendiderit, omni modo teneri debet.

Si mihi alienam aream vendideris, et eam ego ædificavero, atque ita dominus evincit, quia possum petentem dominum doli mali exceptione summovere, magis est ut ea res ad periculum venditoris non pertineat [3].

Quum pars rei pro indiviso evincitur, emptor regressum habet pro quantitate evictæ partis. Si certus locus evictus sit, pro bonitate loci erit regressus, atque boni-

[1] L. 62, § 2, D., XXI, 2.
[2] L. 43, D., L. 11, § 8, XIX, 1.
[3] L. 45, D., XIX, 1.

tatis æstimatio facienda est quæ fuerit venditionis tempore non quum evincitur[1].

Itâ evictionis obligationem venditor præstare debet, nisi aliter inter sese convenerint: nam obligationem minuere vel contra augere possunt. Obligatio minuitur quum venditor per se, venientesque a se personas, non fieri quominùs habere liceat, pronuntiaverit; in hoc non tenetur quod emptoris interest, verum tamen ut pretium reddat: bonæ fidei enim contractus non hanc patitur conventionem ut emptor rem amittat, et pretium venditor retineat[2].

Si emptor sciens alienam rem comparaverit ejus quod emptoris interest, non etiam pretii liberabitur præstatione venditor, quasi hoc tacitè partes inter sese convenerint; nam ubi judicium est emptoris, ibi fraus venditoris quæ potest esse?

Contra, sæpe præstatio, duplæ stipulatione augetur: quo casu emptor actione ex stipulatu in duplum agere poterit. Sed quum actio ex stipulatu stricti juris sit, non omnia semper obtinebit quæ actione ex empto obtineret: ut, ex stipulatu inutile ageret qui ex causâ lucrativâ eum fundum acquireret, quem anteà a non domino emisset: nam hoc casu, si strictum jus urgeas, res non evincitur: atque ex stipulatu semper agendum est ex ipsis stipulationis verbis.

In omnibus supradictis casibus exceptio emptori datur: quem de evictione tenet actio, eumdem agentem repellit exceptio. Itaque si venditor rei alienæ domini hereditatem susceperit, emptori rem repetere, ut auctor

---

[1] L. 13, *D.*, XXI, 2.
[2] L. 11, § 18, *D.*, XIX, 1.

potuisset, venditori non licebit. Fidejussoribus eorumque heredibus exceptio opponi potest.

§ 3.

Hæc de evictionibus, nunc videamus de vitiis latentibus.

Ex duodecim Tabulis satis erat ea præstari quæ essent linguâ nuncupata : quæ qui inficiatus erat, duplæ pœnam subibat : A jurisconsultis etiam reticentiæ pœna constituta est[1]. Ædiles jusserunt eos qui mancipia vel jumenta venderent, certiores facere emptores quid morbi vitiique cuique esset, quis fugitivus errove; atque ea cum mancipia vel jumenta venirent, palam rectèque pronuntiari. Sed mox ædicto ædilium quod primum tantùm ad mancipiorum atque jumentorum venditiones pertinebat, in ceterarum rerum venditionibus locus fuit, ut apud Ciceronem vidimus. Narrat enim quum augures quemdam Titum Centumalem ædes quorum altitudo officeret auspiciis, demoliri jussissent, Claudium eas Calpurnio Lanario vendidisse. Hic postquam fraudem cognovit, judicem postulavit : Cato judex datus itâ pronuntiavit : quum in vendendo rem eam scisset, et non pronuntiasset, emptori damnum præstari oportere[2].

Ut emptor in venditorem agere possit, oportet vitium latens esse : nam causa ædicti proponendi fuit ut succurreret illis per quos non stetit quominùs deciperentur, sed non illis qui negligentiâ vel stultitiâ decepti sunt.

Deindè tale vitium esse oportet, quale usum ad quem

[1] Cicér., De off.
[2] De offic., III, 63.

res destinata est deteriorem faciat: itaque levis morbus in mancipio, non efficit ut vitiosum habeatur; sed si gravis sit morbus, etsi temporarius, ex edicto agere emptor potest. Non vitium intelligitur, quod licet rei pretium minuat, non tamen in re ipsâ jacet. Exempli gratiâ, si bonus vir Alexandria Rhodum magnum frumenti numerum advexerit in Rhodiorum inopiâ et fame, summâque annonæ caritate; si idem sciat complures Alexandriâ solvisse, navesque in cursu, frumento onustas petentes Rhodum viderit, si non dicat id Rhodiis[1], ibi vitium latens esse non dici potest, nam quod rei pretium minuit, extrinsecus est. Sed si quis pestilentes, ruinosas, vel male materiatas ædes vendiderit, emptori in venditorem regressus dabitur.

Venditor tenetur etiamsi vitia ignoravit; nam potuit ea nota habere.

Emptor quoque contra venditorem agere poterit, si hic quid de re affirmaverit, atque ità non sit. Non videtur aliquid de re affirmasse qui dixit se villam bonam, beneque ædificatam vendidisse, nam solent venditores res suas his verbis laudare.

Sed si quis affirmaverit servum constantem, laboriosum esse, et is ex diversò levis, pigerque inveniatur, procul dubio est venditorem teneri.

Si quid vitii in re sit, vel promissa non in eâ inveniantur, aut redhibitorio, aut quanti minoris judicio emptor uti poterit.

1. *De redhibitorio judicio.* — Redhibere est reddere: redhibitoriâ actione emptor venditori rem reddit ut ille quod recepit restituat : denique omnia in integrum

---

[1] Cic., *De off.*, III, 12.

restituuntur, perinde ac si neque emptio, neque venditio intercesserit.

Condemnatio in venditorem pretium accessionesque continet : si venditor vitium non ignoraverit, quidquid damni per hoc vitium acciderit, insuper præstabit. Exempli gratiâ si quis furem vel fugitivum servum vendiderit, præstare debebit quanti emptoris interfuit non decipi : quod autem multa continet, ut si alios fugitivus secum sollicitavit ut fugerent, vel fur res quasdam abstulit[1]. Artifex qui opus vendidit, ejus operis vitia nunquam ignorasse censetur, nam spondet tacitè peritiam artis, atque imperitia culpæ annumeratur.

Emptor cibaria servo data imputare non potest, nam nec ab ipso exigitur quod in ministerio ejus fuit[2].

Emptor rem et quidquid per eam adquisitum est restituere debet : attamen etiamsi culpâ ejus res minueretur, nihilominus emptori liceret per redhibitoriam actionem agere, sed venditoris præstatio minueretur.

Si plures emptoris sint heredes, omnes consentire debent ad redhibitionem, ne forte venditor injuriam patiatur, dum ab alio partem recipit hominis, alii in partem pretii condemnatur[3]. Si venditori plures heredes extiterint, singulis pro portione hereditatis poterit servus redhiberi.

Tempus redhibitionis sex menses utiles habet : sed tempus ex die venditionis currit, aut si dictum promissumve quid est, ex eo, quo dictum promissumve est.

II. Actione æstimatoria quoque emptor uti potest.

---

[1] L. 13, §§ 1, 2, D., XIX, 1.
[2] L. 30, D., XXI, 1.
[3] L. 30, D., ibid.

Quo judicio emptor quanti minoris per vitium res est, venditori repetit. Per annum actio competit.

Si venditor nominatim exceperit de aliquo morbo, standum est eo quod convenit: remittentibus enim actiones suas non est regressus dandus; nisi venditor sciens morbum consulto reticuit: tum enim datur replicatio de dolo malo.

§ 4. *De actione empti.*

Quidquid venditor promisit, quidquid ex hujus contractûs naturâ profluit, ex empto actione quæ bonæ fidei est, emptor persequi potest. Traditio, evictio, redhibitio quoque et quanti minoris judicium in hâc actione continentur.

CAPUT II.

DE EMPTORIS OBLIGATIONIBUS.

Emptor pretium solvere debet, sed tantùm quum ei res offertur, nisi antequam tradatur vel in morâ sit venditor eam tradere, sine venditoris culpâ perierit. Nam periculum rei ad emptorem pertinet. Emptor nummos venditoris facere debet. Usuras pendere debet ex die quo in morâ factus est, vel quo res ei tradita est, si modo fructus producat.

Sumptus quos in re venditor usque ad traditionem fecit, restituere debet: ut si quid in ægri servi curationem impensum est. Venditori actio venditi datur ut persequatur quod ipsi debetur.

DROIT FRANÇAIS.

De la vente en général et des obligations du vendeur en particulier.

(C. Nap., art. 1602-1649).

GÉNÉRALITÉS.

La vente tire son origine de l'échange et n'est même qu'un échange perfectionné.

L'échange est aussi ancien que la propriété, dont il est le complément indispensable. Par la nature des choses, l'homme ne pouvant réunir entre ses mains de quoi satisfaire tous ses besoins, quelque restreints qu'ils soient, se rapproche de ses semblables et leur offre ce qu'il a en trop, pour obtenir ce qui lui manque, voilà l'échange. Mais bientôt, les besoins se multipliant, l'échange ne suffit plus, il entrave la marche de la civilisation, qu'il avait si puissamment servie : alors il se perfectionne et peu à peu fait place à la vente, qui tient ainsi à la fois au droit naturel et au droit des gens. C'est à ce résultat que sont arrivées toutes les nations civilisées. Dans le Droit romain, cette transition de l'échange à la vente se fait parfaitement sentir, et l'on voit que les anciens jurisconsultes romains n'étaient point encore fixés sur les caractères distinctifs de ces deux contrats. Depuis le jour où la transformation a été opérée, la vente s'est toujours perfectionnée. C'est ce que l'on peut constater en comparant le Droit romain au Code Napoléon. Dans le Droit romain on avait surtout un fait en vue : la possession. Aussi admettait-on que la vente n'avait d'autre but que de procurer à l'acheteur la paisible possession d'une chose. De là, la vente de la chose d'autrui reconnue valable ; de là encore, la tradition nécessaire pour la perfection du contrat. Chez nous, au contraire, des principes tout à fait opposés ont été admis ; ainsi la vente de la chose d'autrui est nulle (1599) ; la vente est parfaite par le seul consentement (1583, 711 et 1138). Il est vrai que ce dernier principe avait reçu une première modification, en fait de meubles, par suite de l'art. 1141, et que depuis, la loi du 23 mars 1855 est venue en apporter une seconde en matière immobilière ; mais toujours est-il que maintenant encore la vente est parfaite par le seul consentement, mais que seulement elle ne peut être opposée au tiers qui a acquis postérieurement un droit réel sur l'immeuble, et qui s'est soumis à la formalité de la transcription. Ces principes sont dignes d'une législation qui s'est plus dépouillée des formes matérielles du Droit primitif que ne l'a fait le Droit romain.

On peut définir la vente : un contrat par lequel l'une des parties transfère à l'autre la propriété d'une chose, moyennant un prix que celle-ci s'engage à payer.

Cette définition n'est pas conforme à celle que donne l'art. 1582. Cet article semblerait faire croire que la tradition est encore exigée pour la perfection du contrat de vente. Il n'en est rien, et le contraire résulte clairement des art. 1583, 711 et 1138.

Trois conditions sont essentielles à la vente : la chose, le prix et le consentement.

I. *La chose ;* il faut qu'elle existe au moment où le contrat se forme ou qu'elle puisse exister un jour. Ainsi il n'y aurait pas vente, si au moment où le contrat se forme, la chose n'existait plus ; il en serait autrement si, à cette époque, elle n'existait pas encore, pourvu qu'il fût certain qu'elle pût exister un jour.

II. *Le prix.* — On appelle ainsi la somme d'argent qui, comparée à la valeur d'une chose, est réputée lui être équivalente[1]. — C'est par l'existence d'un prix que la vente se distingue surtout de l'échange : c'est grâce au prix que les rôles des deux parties contractantes sont si distincts.

Le prix doit consister en une somme d'argent, il doit être sérieux, et enfin certain ou du moins pouvoir le devenir.

III. *Du consentement.* — Le consentement doit porter sur la vente elle-même, sur la chose et sur le prix. Notre législateur assimile à la vente actuelle, la promesse de vendre acceptée et accompagnée de promesse d'acheter.

Telles sont les conditions essentielles de la vente ; nous allons parcourir rapidement les conditions de validité de ce contrat.

I. Quant au consentement : le consentement peut être donné de toute manière, verbalement ou par écrit, expressément ou tacitement. Il ne faudrait donc pas regarder l'art. 1482, al. 2, comme limitatif.

[1] Portalis, *Disc. prél.*

II. Quelles sont les personnes capables de contracter vente? — Outre les incapables, d'après le droit commun, il est d'autres personnes qui sont frappées d'une incapacité relative. Sans parler des prohibitions de vendre, contenues aux art. 686 du Code de procédure, 176 du Code pénal; des prohibitions d'acheter dont s'occupent les art. 450, al. 3, 1596, et 711 du Code de procédure, nous ne ferons que rappeler que la vente est prohibée entre époux, sauf certaines exceptions mentionnées en l'art. 1595.

III. *La chose.* — Toute espèce de choses peut être vendue, sauf les exceptions indiquées dans les lois particulières et dans l'art. 1599.

La vente qui réunit toutes les conditions essentielles à son existence produit des obligations réciproques entre les deux parties: nous ne nous occuperons que de celles du vendeur; elles sont au nombre de trois: obligation de délivrance, obligation de garantie, et enfin responsabilité des défauts cachés.

Avant d'exposer les règles qui régissent ces obligations, nous allons voir une règle d'interprétation particulière au contrat de vente. D'après l'art. 1162, le doute s'interprète en faveur du débiteur: l'art. 1602 nous dit que tout pacte obscur ou ambigu dans un contrat de vente s'interprète contre le vendeur. Cela vient de ce que le vendeur connaît mieux la chose vendue que l'acheteur; il a donc pu et dû s'exprimer clairement, s'il ne l'a pas fait, on a le droit de supposer qu'il a eu l'intention de tromper l'acheteur: *Qui obscure loquitur, fallendi causâ id facere videtur.* D'ailleurs, *il y a plus de fols acheteurs que de fols vendeurs*, disait Loisel. Ainsi, toutes les clauses du contrat s'interprèteront, à défaut d'autres moyens, contre le vendeur: celles où il est créancier, en vertu de l'art. 1162, et celles où il est débiteur, en vertu de notre article.

CHAPITRE PREMIER.

DE LA DÉLIVRANCE.

Nous allons examiner les questions suivantes : Qu'est-ce que la délivrance et comment s'opère-t-elle ? Aux frais de qui se fait-elle ? Où et à quelle époque doit-elle s'opérer ? Que doit-elle comprendre ?

§ 1er. *Qu'est-ce que la délivrance et comment s'opère-t-elle ?*

L'art. 1604 nous donne une définition très-exacte de délivrance : « C'est le transport de la chose vendue en la puissance et possession de l'acheteur. »

Voilà le but qu'il faut atteindre : mettre la chose en la puissance et possession de l'acheteur ; tout fait qui remplira ce but constituera donc un acte de délivrance suffisant. Le Code a donc rejeté les subtiles distinctions que l'ancienne doctrine avait établies entre la tradition réelle et la tradition symbolique ; il n'exige pas non plus, comme le Droit romain, un acte matériel[1]. C'est dans cet esprit qu'il faut interpréter les art. 1605-1607, qui ne sont nullement limitatifs.

Voyons quelques-uns des modes de délivrance, et 1° en ce qui concerne les immeubles, l'art. 1605 nous dit que l'obligation de délivrer les immeubles est remplie de la part du vendeur, lorsqu'il a remis les clefs

---

[1] Troplong, art. 1606-1608.

ou lorsqu'il a remis les titres de propriété. Cet article est inexact[1], car d'abord il suppose que la délivrance est toujours opérée par l'accomplissement de l'un ou de l'autre de ces actes, tandis que le plus souvent il faut qu'ils soient réunis; et même cette réunion ne suffit pas toujours pour que la chose soit mise en la possession et puissance de l'acheteur; il faudra de plus, si le vendeur occupe l'immeuble, qu'il le délaisse et qu'il en enlève tout ce qui lui appartient.

Voici deux cas où la délivrance s'opère par la seule remise des titres:

a. Le vendeur conserve la chose à un autre titre que celui de propriétaire, par exemple, à titre de locataire, d'usufruitier; dans ce cas il ne remettra pas les clefs, il ne délaissera pas non plus; la délivrance sera donc opérée par la seule remise des titres.

b. Le vendeur n'aura pareillement à remettre que les titres, si l'acheteur détenait déjà la chose à titre de locataire ou d'usufruitier.

2° *Des meubles.* — L'art. 1606 énumère quelques-unes des manières dont les meubles peuvent être délivrés; il parle de la *tradition réelle.* Cette expression est un vestige des anciennes théories sur la possession, théories repoussées par nos législateurs; elle signifie ici *tradition manuelle;* les autres modes dont il est parlé en l'art. 1606 sont tout aussi réels, puisqu'ils remplissent aussi bien le but de la loi. Ainsi, l'acheteur, auquel on a remis les clefs des magasins où sont renfermés les marchandises, n'est-il pas en état d'exercer sur elles sa puissance, aussi bien que si on les lui avait remises manuellement?

[1] Aubry et Rau, § 354, note 2.

L'art. 1606 ajoute que la tradition peut s'opérer par le seul consentement, et il cite deux exemples : 1° quand, au moment de la vente, la tradition est impossible, parce que, par exemple, il s'agit de marchandises déposées dans un endroit éloigné du lieu où la vente s'est faite, ou bien de récoltes sur pied; 2° quand l'acheteur détenait l'objet dès avant la vente, mais à un autre titre que celui de propriétaire.

Il ne me semble pas qu'une pareille délivrance suffise pour donner la possession dans le sens de l'art. 1141; en effet, quel est le fondement de cet article? c'est que le second acquéreur n'a pu avoir connaissance de la première vente; or, dans notre hypothèse, en est-il autrement? la tradition par le seul consentement suffit-elle pour faire connaître la vente aux tiers, et les choses ne sont-elles pas restées absolument dans le même état qu'avant la vente? D'ailleurs, le premier acheteur n'a-t-il rien à se reprocher? pourquoi n'a-t-il pas été plus diligent que le second acquéreur, pourquoi ne s'est-il pas hâté de faire un acte de possession dès qu'il le pouvait?

L'art. 1608 s'occupe de la délivrance des choses incorporelles; elle se fait par la remise du titre ou par l'usage que l'acquéreur fait du droit acquis, du consentement du vendeur.

Quand le vendeur refuse de délivrer la chose, le jugement qui ordonne la mise en possession équivaut à la délivrance, et le vendeur pourra être contraint *manu militari*, à moins qu'il ne s'agisse d'un objet déterminé seulement dans son espèce; car alors la vente ne constitue qu'une obligation de faire, qui, en cas d'inexécution, se résout en dommages-intérêts (1142).

§ 2. *Aux frais de qui s'opère la délivrance?*

L'art. 1608 nous dit qu'elle s'opère aux frais du vendeur : en effet, il doit subir toutes les conséquences qui résultent de l'accomplissement d'une obligation qui lui est imposée. Ainsi il supportera les frais de pesage, de mesurage et de comptage.

Au contraire, les frais d'enlèvement sont à la charge de l'acheteur; car ils sont corrélatifs à l'obligation de prendre possession, qui lui incombe.

On peut déroger à ces deux règles par des stipulations contraires : il y a dérogation tacite quand les usages du lieu où la vente est faite sont contraires aux règles ci-dessus posées. Car l'art. 1608 n'est que déclaratif de la volonté des parties : or, on doit croire qu'elles ont eu plutôt en vue des usages qu'elles connaissent qu'une loi qu'elles peuvent ignorer. Du reste, c'est là une question de fait, abandonnée à l'appréciation du juge.

§ 3. *Où et quand doit se faire la délivrance?*

Avant tout, il faut s'en tenir aux conventions des parties : mais, si elles n'ont rien décidé à cet égard, la délivrance doit s'effectuer au lieu où la chose vendue se trouvait au moment de la vente (1609, 1247).

Le vendeur doit faire la délivrance dans le délai convenu; ou bien, s'il n'y a pas de délai, aussitôt que l'acheteur exigera qu'elle soit faite. Cependant le vendeur peut refuser de délivrer la chose, si l'acheteur ne lui offre pas le prix, à moins qu'il n'ait consenti à un délai. Il peut encore refuser la délivrance, et cela dans tous les cas, si, depuis la vente, l'acheteur est tombé en faillite ou en déconfiture. Toutefois, même dans cette hypothèse, le vendeur serait obligé de délivrer, si l'acheteur donnait caution de payer au terme (1613).

Si l'acheteur avait été en état de faillite ou de déconfiture dès avant la vente, le vendeur ne serait pas autorisé à refuser la délivrance : car alors, s'il court des risques, il s'y est soumis volontairement.

Si la délivrance n'est pas faite dans le délai fixé, l'acheteur peut demander la résolution ou bien poursuivre l'exécution du contrat : l'art. 1610 n'est du reste qu'une application de l'art. 1184. D'où il suit que l'acheteur ne pourra demander la résolution qu'après une sommation restée sans effet, si ce n'est dans les deux cas des art. 1139 et 1146, cas dans lesquels le vendeur est constitué en demeure de plein droit. — S'il résulte pour l'acheteur quelque préjudice pour défaut de délivrance dans le délai convenu, le vendeur pourra en outre être condamné à des dommages-intérêts, à moins que le retard ne provienne d'un cas fortuit ou d'un cas de force majeure.

§ 4. *Que doit comprendre la délivrance?*

L'acheteur étant devenu propriétaire par le seul effet du contrat, la chose est à ses risques et périls, du jour où il a été formé : d'où il suit que la chose ne doit être délivrée qu'en l'état où elle se trouve à l'époque de la délivrance.

L'art. 1614 semblerait établir le contraire : mais cet article ne saurait renverser les principes reçus en matière d'obligations et consacrés pour la vente par l'art. 1624, d'autant plus qu'il est facile de rétablir l'harmonie en interprétant sainement l'art. 1614 : il signifie simplement que le vendeur doit s'abstenir de tout fait qui apporterait un changement dans l'état de la chose; il ne peut et ne doit faire que des actes de conservation.

Le vendeur doit délivrer à l'acheteur les fruits produits depuis le jour de la vente; car les fruits appartiennent au propriétaire.

Le vendeur doit délivrer la chose avec tous ses accessoires et tout ce qui est destiné à son usage perpétuel (1615); peuvent être considérés comme destinés à l'usage perpétuel de la chose : les clefs des bâtiments, les immeubles par destination, etc. Du reste, c'est là une question de fait laissée à l'appréciation du juge, et pour laquelle on ne saurait poser de règle générale.

Le vendeur est, enfin, tenu de délivrer la contenance indiquée au contrat (1616). Ici se présentent plusieurs hypothèses à examiner.

Les art. 1617, 1618 et suiv. ne s'occupent pas des deux hypothèses suivantes, qui ne présentent d'ailleurs aucune difficulté : 1° Vente d'un immeuble à tant la mesure, mais sans indication de la contenance totale : ainsi, je vends à Pierre le fonds Cornélien, à raison de 100 fr. l'are. En pareil cas, la vente est conditionnelle, elle ne sera parfaite que par le mesurage, car ce ne sera qu'alors que le prix sera déterminé[1]. 2° Une seconde hypothèse est celle où l'on vend tant de mesures à prendre sur un immeuble à raison de tant la mesure.

Mais les deux cas dont s'occupe le Code sont plus délicats, les voici :

1° On vend un immeuble déterminé, à raison de tant la mesure, la contenance totale étant indiquée : ainsi je vends l'immeuble Cornélien qui contient dix hec-

---

[1] Troplong, *Vente*., art. 1617.

tares, à raison de 1000 fr. l'hectare (1617). Cette vente se nommait autrefois vente *ad quantitatem* : en pareil cas, tout déficit, quelque minime qu'il soit, permet à l'acheteur d'exiger que le vendeur fournisse ce qui manque, ou bien qu'il subisse une diminution de prix; mais il ne pourra jamais demander la résolution du contrat; cela résulte *a contrario* de l'art. 1618 combiné avec l'art. 1617.

« En effet, disait M. Grenier dans son rapport au Corps législatif, lorsqu'il y a une moindre contenance, l'acquéreur est toujours présumé avoir voulu acheter, et il est incontestable qu'il en a les moyens, puisqu'il a voulu en acquérir une plus grande[1]. » D'ailleurs, quoique la contenance soit indiquée, c'est néanmoins un corps certain que l'on a prétendu acheter. D'après les principes rigoureux du Droit, l'acheteur pourrait demander la résolution du contrat dès qu'il y a un excédant sur la contenance déclarée : car, en pareil cas, les conditions sous lesquelles il s'est engagé, sont complétement changées; mais des motifs d'équité ont fait admettre qu'un excédant d'un vingtième ou au-dessus peut seul donner lieu à résolution. La loi n'a pas voulu favoriser la mauvaise foi d'un acheteur mécontent de son marché, qui aurait prétexté un excédant de peu d'importance pour faire résoudre le contrat. Mais l'équité veut aussi que l'acheteur fasse raison au vendeur de tout excédant, même inférieur à un vingtième.

Dans le cas où l'acheteur peut demander la résolution, il lui est permis de garder la chose en payant un supplément proportionnel. Mais jamais il ne pourra, ainsi que quelques anciens auteurs lui en reconnais-

---

[1] Locré, *Lég.*, XIV, p. 245, n° 21.

saient le droit, maintenir la vente, en rendant au vendeur l'excédant de la contenance indiquée. En effet, il n'y aurait plus alors une vente telle que le vendeur l'a consentie, puisqu'il a vendu un corps certain, et non pas une quantité. D'ailleurs, ce serait assez injuste; car la portion restituée qui pouvait avoir une certaine valeur jointe au reste de la chose vendue, n'en aura peut-être plus que très-peu quand elle sera isolée.

La vente dont il est parlé en l'art. 1617, n'est pas une vente conditionnelle, mais une vente parfaite, puisque tous les éléments de la vente existent: l'expression de résiliation dont se sert l'art. 1622 le prouve bien: en effet, il ne peut y avoir résiliation que quand il y a une vente parfaite. Quant au mesurage, ce n'est qu'un moyen de garder les parties contre les erreurs de calcul. Il résulte de là que si la chose vient à périr avant le mesurage, la perte est pour l'acheteur.

Pourrait-il repousser cette conséquence, en alléguant que peut-être il a payé la chose plus qu'il ne le devait? Évidemment non, car le vendeur pourrait lui répondre que le mesurage aurait pu établir un déficit aussi bien qu'un excédant, et que, par conséquent, rien ne prouve que ce n'est pas lui qui est en perte[1]. — D'après les lois romaines, quand le déficit existant au moment de la vente venait à être comblé depuis, au moyen d'accessions, le vendeur de bonne foi n'était plus tenu à rien; cette solution toute d'équité pourrait encore être admise aujourd'hui; car le vendeur *certat de damno vitando*, tandis que l'acquéreur *certat de lucro captando*: on devra donc favoriser le premier[2].

[1] Troplong, *Vente.*, art. 1617.
[2] Tropl., art. 1617.

2º Hypothèse : on vend un immeuble dont on indique la contenance pour un prix total et sans indication du prix de chaque mesure. Ainsi, je vends le fonds Cornélien qui contient vingt hectares pour la somme de 20,000 fr. C'est là l'ancienne vente *ad corpus*. Voici les règles qui, dans notre ancien Droit, régissaient les ventes de cette espèce : dans tous les cas où il y avait déficit, le vendeur devait subir une diminution de prix ; seulement, s'il avait vendu pour un seul et même prix deux immeubles, en indiquant la contenance de chacun, et si l'un contenait plus et l'autre moins, l'on faisait compensation. Quant à l'acheteur, il était dans une position beaucoup plus favorable : si la vente commençait par la désignation du corps, par exemple, s'il était dit : je vends le fonds Cornélien contenant cent arpents pour 1000 livres, l'acheteur ne devait aucun supplément en cas d'excédant ; car, disait-on, rien n'obligeait le vendeur à vendre en bloc et pour un prix définitif. On donnait une autre solution pour le cas où la vente commençait par la mesure : l'acheteur devait alors payer tout ce qu'il recevait[1]. Ces distinctions étaient subtiles et tout à fait arbitraires ; aussi l'art. 1619 commence-t-il par les abolir.

Le système qu'il établit est plus équitable ; les intérêts du vendeur ne sont plus sacrifiés à ceux de l'acheteur ; il y a équilibre. Le déficit est-il de moins d'un vingtième, le vendeur ne subit aucune diminution ; et réciproquement, si l'excédant est de moins d'un vingtième, l'acheteur n'aura pas de supplément de prix à payer. Au contraire, si le déficit ou l'excédant atteignent ou dépassent le vingtième, on devra donner des solu-

[1] Tropl., art. 1619.

tions différentes; d'un côté, le vendeur subira une diminution de prix; dans le cas d'excédant, l'acheteur devra tenir compte du surplus, si mieux il n'aime demander la résolution du contrat (1620).

Quant au calcul du déficit ou de l'excédant, voici comment il se fait : si toutes les parties de l'immeuble vendu sont de même nature, ou bien si, ces parties étant de nature différente, il n'a pas été dit dans le contrat quelle est la contenance de chacune, le déficit ou l'excédant s'appréciera, d'après la contenance totale : c'est la seule manière d'appliquer l'art. 1619 en pareil cas. Au contraire, si l'on a déclaré la contenance de chacune des parties du fonds, et si ces parties sont de nature diverse, l'excédant ou le déficit s'appréciera comme le dit l'art. 1619, eu égard à la valeur de la totalité des objets vendus. Il peut alors fort bien se faire que l'excédant ou le déficit représente le vingtième de la contenance, sans être équivalent au vingtième de la valeur, et réciproquement.

Si deux ou plusieurs fonds ont été vendus pour un seul et même prix avec la désignation de la contenance de chacun, et qu'il se trouve moins dans l'un et plus dans l'autre, on fait compensation du déficit et de l'excédant; car alors on est censé avoir voulu vendre un seul et même fonds; on traitera donc ces deux fonds comme s'ils ne faisaient qu'un seul et même fonds; d'où il résulte qu'en cas d'excédant dans tous les deux, il faudrait que les deux excédants réunis égalassent le vingtième de la contenance ou de la valeur totale[1]. L'art. 1623 s'applique aussi bien au cas de l'art. 1619 qu'à celui de l'art. 1617.

[1] Marcadé, art. 1623.

Si le prix de chacun des fonds avait été indiqué séparément, la circonstance qu'on aurait ensuite additionné les deux prix n'empêcherait pas qu'il n'y eût deux ventes distinctes, et dès lors l'art. 1623 ne serait plus applicable.

Les dispositions que nous venons d'analyser ne sont, comme la plupart de celles de la vente, que déclaratives de la volonté des parties. Aussi celles-ci peuvent-elles y déroger complétement ou bien seulement partiellement. Ainsi on pourrait convenir que l'acheteur aura, dans le cas de l'art. 1617, la faculté de demander la résiliation du contrat pour tout excédant, même inférieur à un vingtième; ou bien, en sens inverse, que ce droit ne lui sera jamais accordé, même pour un excédant de beaucoup supérieur au vingtième. Voici quelques clauses que l'on met souvent dans les contrats de vente: clause de non-garantie de contenance. Cette clause a des effets différents, selon qu'elle se trouve jointe à une vente du genre de celles dont parle l'art. 1617, ou à une vente régie, en cas de silence des parties, par l'art. 1619. Dans le premier cas, cette clause n'écarterait pas entièrement l'application de l'art. 1617. En effet, l'énonciation de la contenance et du prix de chaque mesure prouve que les parties n'ont pas entendu s'engager à des conditions irrévocables. Ces indications ne sont qu'un moyen de vérifier le prix; or, si l'on attribuait à la clause de non garantie de la contenance l'effet d'empêcher toute augmentation ou toute diminution de prix, cette clause se trouverait en contradiction avec les énonciations dont nous parlons. Mais comme, d'un autre côté, on ne peut pas supposer que les parties ont posé une clause inutile, on pourra y voir de la part de l'acheteur une renonciation au droit de faire résilier le contrat en cas d'excédant de plus du vingtième.

Au contraire, la même clause, jointe à une vente *ad corpus*, pourrait emporter renonciation à tout droit à une augmentation ou à une diminution de prix. En effet, ici, l'indication de la contenance est d'assez peu d'importance, on peut facilement croire que les parties n'ont voulu y attacher aucun effet.

Quant aux mots *ou environ*, il ne semble pas qu'ils doivent produire les mêmes effets que la clause de non-garantie de la contenance. Tout ce qu'ils peuvent indiquer, c'est que les parties ont entendu que l'on appliquât les art. 1617 et 1619 avec moins de rigueur, en sorte que l'on serait autorisé à ne tenir aucun compte d'une différence peu considérable. Du reste, le juge devra rechercher l'intention des parties.

Un délai très-court est accordé aux parties pour user du droit que la loi leur accorde, ou des droits analogues dont l'origine se trouve dans leurs conventions réciproques; on ne leur donne qu'un an, à compter du jour du contrat. Ce délai, comme toutes les prescriptions de courte durée, court contre les incapables. Il est suffisant pour permettre aux parties de s'assurer de la contenance exacte de l'objet vendu; d'ailleurs, accorder un délai plus long, trente ans, par exemple, c'eût été, sans sauvegarder les intérêts de personne, favoriser l'esprit de chicane et la mauvaise foi des parties : enfin, c'eût été laisser trop longtemps la propriété incertaine. Ces motifs doivent aussi faire admettre cette courte déchéance pour le cas où l'action du vendeur ou bien celle de l'acheteur résulterait non pas de la loi, mais d'une clause qui modifierait les art. 1617 et suiv., pourvu, toutefois, que ce soit une modification qui porte sur l'étendue de l'action, et non pas une clause qui en change la nature[1].

Quand l'acheteur fournit le supplément du prix, il est tenu d'en payer les intérêts, s'il a joui de l'immeuble, et si celui-ci produit des fruits (1620). Quant au vendeur, il devra, en cas de résiliation, restituer, outre le prix et les dommages-intérêts, s'il y a lieu, les frais du contrat (1621).

CHAPITRE II.

DE LA GARANTIE DUE PAR LE VENDEUR.

§ 1er. *Définition de cette garantie.*

L'obligation de garantie est celle en vertu de laquelle le vendeur est tenu : 1° de s'abstenir de troubler l'acheteur dans sa paisible possession ; 2° de prendre sa défense quand un tiers s'oppose à son entrée en jouissance, ou bien intente contre lui une action procédant d'une cause antérieure à la vente ; 3° enfin, de restituer à l'acheteur le prix et de l'indemniser, si l'éviction est prononcée.

§ 2. *Dans quelles ventes la garantie est-elle due ?*

La garantie est due dans toute espèce de vente, lors même que le vendeur était de bonne foi.

A-t-elle lieu dans les ventes forcées ? Pothier admettait la négative, et M. Troplong se range à son avis : selon cet auteur, le propriétaire n'ayant pas consenti à

---

[1] Tropl., art. 1622, Marcadé, Aubry et Rau, § 354.

l'aliénation, ne saurait être considéré comme vendeur, et par conséquent ne saurait être soumis aux obligations du vendeur. — Mais la justice n'intervient-elle pas tout exprès pour suppléer au consentement du saisi? Elle se met en son lieu et place et le représente: on suppose que c'est lui-même qui a vendu. D'ailleurs cette solution est très-équitable: le saisi a profité de la vente forcée, aussi bien qu'il aurait profité d'une vente volontaire, ses dettes ont été payées: *il s'est donc enrichi.* D'un autre côté, l'acheteur qu'a-t-il à se reprocher? Il a acquis un immeuble qui était dans le patrimoine du saisi; s'il a été induit en erreur, c'est par le fait de ce dernier. Ce qui prouve que le législateur a entendu que, dans le cas de vente forcée, le saisi fût soumis à la garantie, c'est qu'il ne distingue pas, tandis qu'en matière de responsabilité des défauts cachés, où un principe contraire a été admis, la volonté du législateur a été formellement exprimée (art. 1649).

D'autres auteurs vont plus loin dans un sens opposé[1]; ils soumettent à la garantie, non-seulement le saisi, mais encore le créancier poursuivant: de ce qu'il poursuit et fait prononcer l'adjudication, on veut en conclure qu'il est vendeur. Mais peut-on vendre une chose dont on n'est pas propriétaire? Le créancier poursuit le paiement de ce qui lui est dû, et pour cela il force le débiteur à vendre; donc celui-ci seul est vendeur. Cependant l'acquéreur n'est pas dénué de toute espèce de recours contre le poursuivant; s'il a payé le prix entre ses mains, il pourra en demander la restitution, non pas en vertu de l'obligation de garantie, mais parce que

---

[1] Persil, *Quest.*, t. II, p. 241; Toulouse, 24 janvier 1826; *Dij.*, 25 août 1827.

le poursuivant a reçu un paiement d'une personne qui ne lui devait rien (1377). L'adjudicataire pourrait même avoir un recours en dommages-intérêts contre le poursuivant, en vertu de l'art. 1382, si c'était par la faute de celui-ci que l'adjudication était annulée.

§ 3. *A qui compète l'action en garantie?*

L'action compète non-seulement à l'acheteur, mais encore à ses ayants-cause : au nombre de ces derniers, il faut ranger ceux qui ont acquis la chose à titre onéreux ou à titre gratuit[1].

Pothier n'accordait au donataire de recours contre le vendeur de son donateur que quand celui-ci lui avait cédé ses actions ; d'un autre côté, il refusait au donateur tout recours en garantie, comme n'ayant aucun intérêt à l'exercer, puisqu'il n'était pas lui-même obligé envers son donataire. — Pothier n'a considéré que l'intérêt pécuniaire ; tandis qu'il y en a un autre en jeu ici : c'est un intérêt d'affection, le même qui a porté le donateur à faire une libéralité et qui doit lui faire désirer que cette libéralité ne soit pas inutile. Le donateur aura donc dans ce cas un recours contre son vendeur ; mais il ne faut pas s'arrêter là ; il faut décider que le donataire peut exercer lui-même le recours, et en son propre nom, contre le vendeur du donateur. Car, d'après les principes de notre Droit, la cession d'actions est inutile ; celui qui transmet une chose transmet en même temps et de plein droit tous les droits et actions qui s'y rapportent.

[1] Aubry et Rau, § 355 ; Tropl., I, n° 429 ; Duvergier, I, n° 343.

§ 4. Qui doit la garantie?

C'est d'abord le vendeur, ensuite ses héritiers et autres successeurs universels.

La caution est également tenue, mais dans les termes de son obligation. La caution peut être repoussée par l'exception de garantie. Toutefois, il s'est élevé des doutes sur ce point, pour le cas où la caution n'est devenue propriétaire de l'objet vendu que depuis la vente; ceux qui ont prétendu qu'alors la caution ne pourrait pas être repoussée par l'exception, sont partis de l'idée que cette exception ne pouvait lui être opposée qu'en vertu d'une renonciation que la caution serait censée avoir faite en prenant son engagement. Ceci est évidemment inexact; en effet, la caution a contracté une obligation de garantie subsidiaire; or, dans l'obligation de garantie se trouve comprise celle de ne pas inquiéter l'acheteur; c'est donc en vertu de cette obligation, et non pas en vertu d'une prétendue renonciation, que la caution sera repoussée.

L'obligation de la caution passe à ses héritiers et autres successeurs universels, cela ne saurait plus faire de doute aujourd'hui; d'ailleurs, l'argument tiré d'une constitution de Justinien, et sur lequel on se fondait autrefois, n'a plus aucune valeur.

§ 5. Étendue et effets de la garantie.

Il résulte de la définition que nous avons donnée de la garantie, qu'elle impose au vendeur et à ses héritiers trois obligations principales :

1° Celle de s'abstenir de tout fait de nature à troubler l'acheteur dans la paisible possession de l'objet vendu :

Quem de evictione tenet actio, eumdem agentem repellit exceptio. Qui doit garantir ne peut évincer. Ainsi, le vendeur d'un fonds de commerce ne pourrait pas, dans une époque rapprochée de la vente, ouvrir un établissement de même nature dans le voisinage de celui qui a été vendu [1]. En effet, celui qui vend un fonds de commerce vend bien moins les objets qu'il a en magasin que sa clientèle; or, quand il ouvre un établissement de même nature que celui dont il s'est défait, ce ne peut être que dans l'intention de conserver son ancienne clientèle et par conséquent de retenir une partie de la chose vendue. Une conséquence plus importante du même principe, c'est que le vendeur d'une chose qui ne lui appartenait pas, devenu depuis héritier du véritable propriétaire, ne pourrait pas exercer l'action en revendication. Ce principe serait vrai alors même qu'il s'agirait d'un mineur qui viendrait à hériter de son tuteur, lequel aurait vendu un objet du mineur comme lui appartenant. Il en serait autrement si le mineur héritier du tuteur demandait la nullité de la vente pour absence des formalités prescrites; en effet, en pareil cas, le tuteur n'est pas soumis à l'obligation de garantie; cela est si vrai que lui-même pourrait demander la nullité d'une vente qu'il aurait conclue au nom du mineur sans observer les formalités prescrites [2]; donc l'obligation de garantie, qui n'existe même pas pour le tuteur, ne saurait passer au mineur.

La maxime: *Quem de evictione tenet actio, eumdem agentem repellit exceptio,* ne saurait être opposée à l'héritier bénéficiaire; en effet, les actions de l'héritier

[1] Aubry et Rau, § 355.
[2] Aubry et Rau, § 115.

bénéficiaire et celles de son auteur ne se confondent pas. Ainsi, d'un côté, il pourra évincer pour son propre compte, et, de l'autre, il sera tenu à la restitution du prix et aux dommages-intérêts pour le compte de son auteur et sur les biens de ce dernier seulement.

2° Celui qui doit la garantie est obligé de prendre la défense de l'acheteur : si ce dernier l'exige, le procès intenté contre lui se poursuit contre le vendeur, et l'acheteur est mis hors de cause. Mais il ne faut pa[s] pousser trop loin le principe que le vendeur est tenu de défendre l'acheteur; s'il reconnaissait le bien fondé de la demande dirigée contre l'acheteur, il serait injuste de le forcer à soutenir un procès désespéré, et qui n'aboutirait qu'à un surcroît de frais. Mais, en pareil cas, l'acheteur est parfaitement libre de soutenir le procès à ses risques et périls [1] : s'il succombe, il ne peut répéter les frais qu'il a été obligé de faire.

3° Enfin, dans le cas où le garant ne peut triompher de la demande intentée contre l'acheteur, il y a éviction, et le vendeur sera tenu de restituer le prix et d'indemniser l'acheteur.

Pour que le vendeur soit tenu de ces deux dernières obligations, il faut que la demande intentée contre l'acheteur procède d'une cause antérieure à la vente. Ceci est évident; du moment que la vente est contractée, le vendeur est déchargé de toute espèce de responsabilité pour l'avenir, si ce n'est à l'égard des faits qui lui sont personnels. Le principe est simple et facile à justifier : mais il est des cas où son application peut présenter des difficultés : ainsi, quand un créancier hypothécaire exerce le droit que lui confère l'art. 2185, le droit

[1] Pothier, *Vente*, n° 117.

de surenchère, peut-on dire que la demande procède d'une cause antérieure à la vente? Sans aucun doute, puisque le droit de surenchère n'est qu'une conséquence du droit hypothécaire, et que ce droit existait dès avant la vente.

Au contraire, le vendeur ne doit pas la garantie, quand le demandeur allègue une prescription commencée dès avant la vente et accomplie seulement depuis. En effet, au moment de la vente, le vendeur était propriétaire tout aussi bien que si la prescription n'était pas commencée à ce moment; son droit n'avait subi aucune diminution, il a pu le transmettre plein et entier. Quant à l'acheteur, c'était lui qui était en faute; pourquoi a-t-il négligé d'exercer son droit? pourquoi n'a-t-il pas pris possession? Tandis que le vendeur, en vendant, a prouvé qu'il n'avait pas renoncé à son droit.

Toutefois il faut admettre ici une restriction : s'il n'avait pas été matériellement possible à l'acheteur d'exercer son droit, parce qu'il restait trop peu de temps pour que la prescription fût accomplie, et que l'acheteur était trop éloigné, l'éviction pourrait être considérée comme procédant d'un fait personnel au vendeur; en pareil cas, l'acheteur n'a rien à se reprocher, c'est la négligence seule du vendeur qui a causé l'éviction.

Ce que l'on appelle le fait du prince constitue une cause d'éviction postérieure à la vente: on appelle ainsi un cas de force majeure qui résulte de la dépossession légalement prononcée par le pouvoir exécutif ou par le pouvoir législatif. Cependant, si le fait du prince était fondé sur un droit existant antérieurement à la vente, le vendeur devrait la garantie. Il est évident que l'on ne saurait regarder aujourd'hui comme une cause d'éviction postérieure à la vente la sentence du juge qui ordonnerait par erreur le délaissement de l'immeuble vendu, quand même l'acheteur aurait omis d'appeler son vendeur en cause[1]; en effet, nos lois attachent à la chose jugée une présomption légale de vérité que l'on n'est pas admis à combattre. Le garant ne pourrait en pareil cas se décharger de l'obligation de garantie qu'en prouvant qu'il avait des moyens que ne connaissait pas l'acheteur, et qui auraient gardé le juge de l'erreur. C'est d'ailleurs ce que nous examinerons plus loin. Mais, hors ce cas, le garant devrait être repoussé, alors même qu'il offrirait de prouver que s'il avait été appelé en cause, il aurait déterminé une autre issue au procès par une défense plus habilement présentée.

Nous allons nous occuper plus spécialement des suites de l'éviction. D'abord voyons ce que c'est que l'éviction : il y a éviction, dans le sens restreint du mot, toutes les fois qu'il y a délaissement ordonné par la justice, d'une chose ou d'une partie de la chose: « *evincere est aliquid vincendo auferre.* » Mais le sens de ce mot a été beaucoup étendu: ainsi on dit qu'il y a éviction quand l'acquéreur, reconnaissant le bien fondé de la demande dirigée contre lui, abandonne la chose de son propre mouvement; il y a encore éviction quand l'acheteur paie la dette à laquelle l'immeuble était hypothéqué ; on est encore évincé quand on est débouté de la demande que l'on a intentée contre le tiers détenteur; enfin, un dernier cas d'éviction est celui où l'on devient propriétaire de son chef de l'immeuble acheté à *non domino.*

L'éviction peut être totale ou partielle, et, dans ce dernier cas, la portion évincée peut être indivise ou

[1] *Contra :* Pothier, n° 95.

bien déterminée; nous allons examiner ces diverses hypothèses.

A. *Éviction totale.*

Dans le cas d'éviction totale, le vendeur doit restituer le prix de vente et des dommages-intérêts.

Le prix de vente : il y avait à cet égard controverse entre nos anciens jurisconsultes : mais si ce principe pouvait paraître douteux au point de vue du Droit romain, il ne l'est nullement quand on s'arrête aux règles de l'équité et quand on considère la nature du contrat de vente. Aussi les rédacteurs du Code Napoléon n'ont-ils pas hésité à adopter l'opinion de Pothier et de Dumoulin.

Si le vendeur est dans l'impossibilité de rendre l'acheteur propriétaire de la chose, l'engagement de ce dernier, qui n'avait été contracté qu'en vue de l'engagement réciproque du vendeur, devient un engagement sans cause. Voilà pourquoi le vendeur est toujours tenu de restituer le prix, alors même que la chose aurait diminué de valeur, soit par suite de force majeure, soit par suite de négligence ou d'abus de la part de l'acheteur (1631). Rien n'est plus juste : en négligeant de soigner la chose vendue, l'acheteur croyait agir dans les limites de son droit, et quoi qu'il en soit, il a payé ce qu'il ne devait pas.

Il n'y a pas de doute que si la chose avait péri pour partie, le vendeur ne dût néanmoins restituer la totalité du prix : rien n'autoriserait une exception pour cette hypothèse.

S'il y a plusieurs acquéreurs successifs, l'acquéreur peut exercer son recours contre celui des acquéreurs précédents qu'il choisira, et sans avoir besoin de s'adresser d'abord à son vendeur immédiat. En Droit romain, il ne l'aurait pas pu, à moins que le vendeur ne lui eût cédé ses actions : mais, ainsi que nous l'avons déjà fait remarquer, les effets de la cession d'actions sont produits de plein droit par le seul fait de la transmission d'un droit.

Si les ventes successives ont eu lieu à des prix différents, et si c'est la dernière qui a eu lieu à un moindre prix, l'acquéreur évincé ne pourra redemander que ce que lui-même a payé. Ainsi Primus vend à Secundus une maison au prix de 15,000 fr. Secundus la revend à Tertius pour 10,000 fr. Si Tertius est évincé, il pourra s'adresser soit à Secundus, soit à Primus; mais, dans tous les cas, il ne pourra redemander que 10,000 fr. Pothier, cependant, soutenait le contraire[1]. Il disait que, puisque le vendeur transmettait à l'acquéreur tous les droits et actions qui lui compétaient à propos de cette chose, l'acquéreur devait avoir le droit de répéter tout ce que lui-même aurait pu redemander. A cela on peut répondre qu'il est vrai que le vendeur transmet à l'acquéreur tous ses droits et actions, mais, bien entendu, seulement jusqu'à concurrence de ce qui est dû à l'acquéreur. Il serait étrange que l'on pût demander, à l'aide de la *condictio indebiti*, ce qui ne vous est pas dû. Mais si Primus est libéré envers Tertius, en lui remboursant 10,000 fr., il sera encore tenu envers Secundus pour 5000 fr. Car ces 5000 fr. ne lui étaient pas dus; ils constitueraient pour lui un bénéfice illicite.

Quand la chose évincée se compose d'un ensemble de faits successifs, le vendeur ne doit pas la restitution de tout le prix : car on ne peut pas dire qu'il y ait alors

[1] *Vente*, n° 147.

éviction totale. Ainsi, on a vendu un usufruit de dix ans, au bout de cinq ans, l'acquéreur est évincé; il serait souverainement injuste que l'acquéreur, après avoir profité de l'usufruit pendant cinq ans, reçût, en outre, la totalité du prix.

On s'est demandé s'il fallait appliquer cette règle aux ventes d'animaux. Pothier et M. Duvergier se prononcent pour l'affirmative: et, en effet, quand on vend un animal, on vend moins une chose une et indivisible, qu'une suite de services que l'on pourra tirer de l'animal dans un temps nécessairement limité : si donc l'acquéreur est évincé au bout d'un certain temps, il a obtenu une partie de ce qu'il voulait obtenir, il est donc juste que l'on en tienne compte au vendeur.

A part les deux cas que nous venons d'examiner, le vendeur doit donc restituer le prix : néanmoins, il peut retenir ce qui suit :

1° Ce qu'il aurait payé à l'acheteur avant l'éviction pour défaut de contenance ou pour quelque autre charge réelle qui n'aurait pas été déclarée : décider le contraire, ce serait forcer le vendeur à restituer deux fois [1];

2° Le vendeur peut encore retenir, jusqu'à concurrence de ce qui a été payé à l'acheteur par celui qui évince, pour des améliorations faites par le vendeur: en effet, ces améliorations faisaient partie de la chose au moment de la vente, et étaient représentées dans le prix; donc ce qui a été payé à leur occasion par celui qui a évincé, peut être considéré comme la restitution d'une partie du prix ;

3° Enfin, le vendeur peut retenir sur le prix une somme équivalente au montant des dégradations dont

---

[1] Pothier, n°ˢ 120-124.

l'acquéreur a profité: c'est ce qui aurait lieu, par exemple, si l'acquéreur avait vendu une futaie, et s'il n'avait pas été obligé d'en faire raison au véritable propriétaire. On peut dire qu'en pareille occasion, l'acheteur s'est remboursé lui-même d'une partie de son prix.

Si le vendeur avait fait des déboursés pour défendre l'acheteur d'évictions antérieures, il ne pourrait rien retenir sur le prix de ce chef. Ainsi, s'il avait transigé avec une personne qui se prétendait propriétaire, et si, postérieurement, le véritable propriétaire avait fait reconnaître ses droits, le vendeur ne pourrait pas retenir sur le prix ce qu'il aurait déboursé pour faire cesser la première éviction. Car, en transigeant, il n'a fait que son devoir; et d'ailleurs, s'il est en perte, n'est-ce pas de sa faute? Pourquoi a-t-il transigé avec un homme dont il n'avait pas suffisamment examiné les titres?

Ainsi le vendeur est tenu de rembourser le prix; quant à toutes les autres prestations que la loi lui impose, il les doit à titre de dommages-intérêts, quoique des termes de l'art. 1630 il semblerait résulter le contraire[1]. Mais, en considérant la nature intime de ces prestations, on voit qu'elles diffèrent entièrement de la restitution du prix, et qu'elles constituent de véritables dommages-intérêts.

Le vendeur doit à ce titre: 1° les frais et loyaux coûts du contrat. Car l'acheteur qui les a payés ne l'a fait qu'en vue d'un avantage sur lequel il comptait. Cet avantage ne se réalisant pas, il est en perte, le vendeur devra donc le dédommager.

2° Si l'acheteur a été condamné à restituer des fruits au véritable propriétaire (ce qui peut arriver quand il

---

[1] Aubry et Rau, § 355, note 20.

connaissait le vice de son titre), il aura un recours contre son vendeur. Toutefois il y a une modification à établir ici : quand l'acheteur est condamné sur une demande en revendication, il doit compte des fruits depuis le jour de la demande : si ce compte lui occasionne quelque préjudice, il peut s'en faire indemniser par le vendeur, mais si celui-ci avait déclaré n'avoir pas de moyens pour faire cesser l'éviction, et avait accompagné cette déclaration de l'offre d'une indemnité suffisante, l'acquéreur ne serait pas fondé à demander la restitution des fruits perçus depuis la demande ; cependant, ajoute Pothier, il faudrait que le montant des offres eût été consigné[1].

3° A l'égard des dégradations, Pothier établit les distinctions suivantes : d'abord, il est presque impossible de comprendre une hypothèse où l'acheteur qui se croit propriétaire soit condamné à indemniser le véritable propriétaire des dégradations qu'il a pu faire : si le cas se présentait, il est évident que le vendeur devrait indemniser l'acheteur. Quant à l'hypothèse où l'acheteur n'ignorait pas qu'il n'est pas propriétaire, Pothier établit que, dans ce cas même, le vendeur devrait l'indemniser. Mais ceci paraît peu équitable : car, du moment où l'acheteur a connu la vérité, il devait s'abstenir de tout acte de propriété ; s'il commet quelque dégradation, il est évidemment de mauvaise foi ; or, la loi ne doit pas favoriser la mauvaise foi, même aux dépens d'un vendeur qui aurait aussi de la mauvaise foi à se reprocher.

Le seul fait qu'une action a été introduite contre l'acheteur, ne le constitue pas en mauvaise foi. En effet,

[1] *Vente*, n° 124.

il se peut que le droit de propriété de son adversaire n'étant pas évident, il a cru pouvoir triompher facilement de son attaque; si, dans cette persuasion, il avait fait des dégradations, le vendeur devrait l'indemniser jusqu'à concurrence de ce que le véritable propriétaire se serait fait payer.

4° Le vendeur doit rembourser à l'acheteur les frais faits tant sur la demande principale que sur la demande en garantie (1630). Cependant il faut apporter ici la modification suivante : si l'acheteur avait négligé d'appeler immédiatement le vendeur en cause, celui-ci pourrait se faire libérer de l'obligation de rembourser les frais qu'il n'aurait pas faits[1]. Les frais seraient en totalité supportés par l'acheteur, s'il avait soutenu seul le procès, malgré le vendeur, dans le cas où celui-ci aurait déclaré n'avoir pas les moyens suffisants pour repousser la demande.

5° Le vendeur doit enfin être condamné à tout ce que le Code appelle plus spécialement des dommages-intérêts; ils représentent la plus-value de la chose, qui résulte soit d'un événement indépendant de la volonté de l'acheteur, soit de son propre fait; dans certains cas aussi, le vendeur doit rembourser à titre de dommages-intérêts le montant des impenses.

L'art. 1633 nous dit que, si la chose a augmenté de valeur, indépendamment du fait de l'acheteur, le vendeur est tenu de lui rembourser ce qu'elle vaut au-dessus du prix de vente. On s'est demandé si le vendeur devait rembourser à l'acheteur jusqu'à concurrence d'une augmentation immense de valeur, ou bien si l'on devait appliquer l'art. 1150, en vertu duquel le vendeur

---

[1] Aubry et Rau, § 355; Duvergier, n° 304; Pothier, n° 120.

ne serait tenu que jusqu'à concurrence de ce qui a pu être prévu au moment de la vente. Ainsi, on m'a vendu une maison de campagne pour 10,000 fr.; plus tard, par suite de l'établissement d'une route nouvelle, la valeur de cette maison augmente considérablement; elle est portée à 40,000 fr. D'après la marche ordinaire des choses, on a bien pu prévoir une augmentation de valeur de peu d'importance, de 5000 fr. par exemple; mais une augmentation de 30,000 fr. était en dehors de toutes les prévisions. En Droit romain, la question ne faisait aucun doute; avec cette équité qui caractérise les jurisconsultes romains, ils décidaient que le vendeur n'était tenu que jusqu'à concurrence d'une augmentation prévue.

Chez nous, le doute vient de ce que l'art. 1633 ne rappelle pas l'art. 1150. Mais il n'est pas rédigé d'une manière si absolue qu'on ne puisse pas le concilier avec l'art. 1150. En effet, on voit bien que, dans l'art. 1633, une seule question préoccupe le législateur, c'est de savoir quand les dommages-intérêts sont dus; et il nous dit que le vendeur les doit alors même que la plus-value résulte d'un fait indépendant de l'acheteur. Quant au montant de ces dommages-intérêts, il ne s'occupe pas de la manière de le fixer; c'est donc là une de ces questions à propos desquelles l'art. 1637 nous renvoie aux règles générales des obligations; et, en effet, n'est-ce pas fort équitable? Le vendeur a cru user d'un droit qu'il était persuadé lui appartenir; car la question que nous discutons ne peut se présenter qu'à l'occasion d'un vendeur de bonne foi. Veut-on l'accuser de négligence, sous prétexte qu'il n'aurait pas suffisamment vérifié ses titres; on peut répondre que, sous ce rapport, l'acheteur n'a rien à lui reprocher : lui aussi devait vérifier ses titres. Appliquer l'art. 1633 à la lettre, ce serait exposer souvent le vendeur à une ruine certaine. D'ailleurs, le vendeur n'est-il pas digne de protection, puisque lui *certat de damno vitando*, tandis que l'acheteur, relativement au vendeur du moins, *certat de lucro captando*. D'ailleurs, les termes de l'art. 1633 sont-ils si formels qu'on puisse y voir une dérogation à la règle si équitable de l'art. 1150 ? Peut-on comprendre que le législateur eût exprimé si faiblement sa pensée quand il s'agissait de renverser une doctrine universellement professée par notre ancienne jurisprudence [1] ? S'il avait prétendu innover, il en serait resté des traces dans les travaux préparatoires. Ainsi, je crois donc que le texte et l'esprit de l'art. 1633 nous autorisent à déclarer l'art. 1150 applicable à la vente [2].

Quant aux impenses, il faut d'abord poser en principe que le vendeur ne peut être tenu de rembourser ce que l'acheteur a déjà reçu du véritable propriétaire. Ainsi, ce dernier devant toujours rembourser les impenses nécessaires, il n'en peut être question quand il s'agit du recours de l'acheteur contre le vendeur. Quant aux impenses utiles, il est des cas où l'acheteur aura intérêt à agir contre le vendeur. Le véritable propriétaire a le droit de rembourser au détenteur soit le montant de ce qu'il a déboursé, soit la plus-value résultant des impenses utiles. Quant au vendeur, il doit toujours la plus-value. En sorte que, si la plus-value représente une somme supérieure à celle qui a été déboursée, le propriétaire usera de son droit, et l'acheteur, n'étant

---

[1] Pothier, n° 133; Dumoulin, *De eo quod interest*, n°s 57 et sv.
[2] Duvergier, I, n° 369.

pas entièrement indemnisé, usera du recours que la loi lui accorde contre son vendeur. Au contraire, si la plus-value est inférieure aux sommes déboursées, l'acheteur qui aura reçu du véritable propriétaire le montant de cette plus-value, ne pourra se retourner contre son vendeur. En effet, de quoi se trouve-t-il privé par l'éviction ? évidemment de la plus-value et rien que de la plus-value ; quant aux sommes déboursées, elles ont été perdues dès le moment où elles ont été employées. Il faut étendre à la plus-value résultant du fait de l'acheteur, ce que nous avons dit de celle qui proviendrait d'un cas fortuit, en ce qui concerne la fixation des dommages-intérêts.

Quand le vendeur a été de mauvaise foi, son obligation est plus étendue ; l'acheteur pourrait lui redemander le remboursement de toutes les sommes par lui employées, et cela en vertu de l'art. 1382. Le vendeur de mauvaise foi est encore tenu de rembourser les dépenses voluptuaires faites par l'acheteur (1635).

B. *Éviction partielle.*

Les art. 1636 et 1637 règlent cette hypothèse.

D'abord, si la partie dont l'acheteur est évincé est de telle importance que l'on puisse croire que sans cette partie il n'eût pas acheté, on lui accorde la faculté de faire résilier le contrat ou bien de se faire indemniser, conformément à l'art. 1637. Si, au contraire, il est à croire que sans la portion évincée il eût néanmoins acheté la chose, il n'aura droit qu'aux dommages-intérêts. Qu'il s'agisse ou non d'une portion indivise, l'indemnité due à l'acheteur se détermine eu égard à la valeur de la partie évincée au moment de l'éviction. On a trouvé cet article inconséquent avec ce qui a lieu en cas d'éviction totale, surtout quand il s'agit d'une portion indivise; mais il ne mérite pas ce reproche. En effet, dans le cas d'une éviction totale, le contrat étant résolu, l'acheteur ne peut pas conserver le prix, tandis que dans l'éviction partielle la vente subsiste, seulement elle n'est pas exécutée tout à fait comme les parties entendaient qu'elle le fût. Il ne peut donc être question de restitution, mais seulement de dommages-intérêts[1].

Dans notre ancien Droit, ces matières étaient régies par des principes tout à fait opposés; que la portion évincée fût indivise ou matériellement déterminée, le vendeur avait toujours à restituer une partie proportionnelle du prix. Quand on réfléchit sur les difficultés que devait faire naître l'application de cette règle dans le cas où la chose avait augmenté ou bien diminué par alluvion[2], on ne regrette pas que le législateur ait substitué à un système si compliqué une règle unique, aussi simple que conforme aux principes du Droit, et qui s'applique si bien à tous les cas qui peuvent se présenter.

Du reste, tout ce que nous avons dit de l'éviction totale, sauf la restitution du prix, est applicable à l'éviction partielle.

Quand l'acheteur ne peut exercer une servitude active qui lui avait été promise, ou bien quand un tiers réclame l'exercice d'une servitude non apparente et non déclarée, il y a en quelque sorte éviction partielle; car, dans le premier cas, l'acheteur est privé d'une por-

---

[1] Aubry et Rau, § 358, note 37; Duvergier, n° 374.
[2] Pothier, n°s 159 et sv.

tion de la chose vendue sur laquelle il comptait, et, dans l'autre, son droit est restreint. La loi ne parle pas de la première hypothèse, mais les art. 1636 et 1637 lui sont applicables. Quant aux servitudes passives, l'art. 1638 n'est que la reproduction de ces deux articles.

§ 6. *Nature de l'obligation de garantie.*

L'obligation de garantie est-elle divisible ou indivisible? D'abord, il faut distinguer entre l'obligation de défendre, l'obligation de s'abstenir de tout trouble, et enfin l'obligation de restituer le prix et les dommages-intérêts. Cette dernière est essentiellement divisible, car elle consiste uniquement dans la prestation d'une somme d'argent: or, rien n'est plus divisible qu'une somme d'argent. Il en est autrement des deux autres. L'indivisibilité de l'obligation de prendre la défense de l'acheteur est assez généralement reconnue, et si la Cour de cassation lui a refusé ce caractère, c'est qu'elle ne l'a pas distinguée de l'obligation de restituer le prix et de payer des dommages-intérêts; c'est qu'en effet, dans la pratique, ces deux obligations se confondent assez facilement; mais il est évident que l'on ne peut défendre pour partie. Est-ce défendre que de ne faire valoir qu'une partie des moyens de défense? Si donc l'acquéreur n'exerçait son recours que contre un seul des héritiers du vendeur, celui-ci serait obligé de défendre pour le tout, sauf à appeler ses cohéritiers en cause, en vertu de l'art. 1225. Mais l'acheteur n'en agira ainsi que fort rarement, car il pourrait en résulter pour lui de graves inconvénients. En effet, si le cohéritier appelé en garantie succombait dans sa défense, le jugement obtenu contre lui ne pourrait être opposé à ses cohéritiers : ceci n'est qu'une suite de l'indivisibilité ; d'un autre côté, comme l'obligation de restituer le prix et de payer des dommages-intérêts est essentiellement divisible, le cohéritier qui succombe ne devra supporter que sa part de cette obligation; en sorte que l'acheteur courrait risque de perdre tout recours contre les cohéritiers, par exemple, si ceux-ci prouvaient qu'ils avaient des moyens décisifs pour repousser la demande.

La question est beaucoup plus controversée et beaucoup plus importante quand il s'agit de déterminer la nature de l'obligation de s'abstenir de tout trouble. Voici l'hypothèse : un héritier du vendeur est propriétaire de son propre chef de la chose vendue par son auteur, il veut intenter l'action en revendication contre l'acheteur, en restreignant toutefois sa demande aux parts de ses cohéritiers; car, pour la sienne, il l'abandonne, reconnaissant qu'il n'a pas le droit d'inquiéter l'acheteur à ce sujet; la question est de savoir si la demande sera recevable pour les parts de ses cohéritiers? Pothier et M. Troplong soutiennent l'affirmative; mais MM. Aubry et Rau, Duvergier et la Cour de cassation, qui cependant a déclaré l'obligation de défendre divisible, admettent l'opinion contraire. En effet, comment comprendre qu'une obligation, indivisible quand on la fait valoir par voie d'action, change tout à coup de nature par cela seul qu'on la fait valoir par voie d'exception? Le fait de ne pas troubler est tout aussi indivisible dans son essence que le fait de défendre. L'argument principal que l'on oppose à cette opinion, c'est que, si le vendeur fût mort avant que la chose eût été livrée, l'héritier n'eût pu être contraint de livrer que pour partie; mais ici on a confondu l'obligation de livrer avec celle de ne pas troubler, confusion du même genre que celle qui consiste à ne pas distinguer l'obligation de défendre de l'obligation de payer les dommages-intérêts.

Ainsi l'obligation de ne pas troubler et celle de défendre sont indivisibles, tandis que l'obligation de payer le prix et les dommages-intérêts est divisible.

§ 7. *Procédure en matière de garantie.*

A la différence de ce qui se pratiquait en Droit romain, aussitôt que l'acheteur est attaqué, il peut recourir en garantie contre son vendeur, et il a à cet effet une exception dilatoire (C. de proc., art. 175 et suiv.). L'action en garantie marche de front avec la demande principale, et est jugée par les mêmes juges, quoique le vendeur soit domicilié dans le ressort d'un autre tribunal (181). Si le garant prend fait et cause pour l'acheteur, celui-ci pourra être mis hors de cause, s'il le requiert, sauf à pouvoir assister au procès pour la conservation de ses droits, et à être contraint à y rester pour la conservation des droits du demandeur originaire (182).

Dans le cas où le garanti a été mis hors de cause, le jugement est exécutoire contre lui (185); c'est-à-dire qu'en vertu de ce jugement, qui n'a pas été prononcé contre le garanti, le propriétaire peut le forcer à déguerpir de l'immeuble. Quant aux dépens, ils sont supportés par le garant, et à son défaut par le garanti, à moins qu'il n'ait été mis hors de cause purement et simplement.

L'acheteur peut encore suivre une autre marche : il peut lui-même défendre à la demande principale, sans appeler son garant en cause, sauf à l'attaquer postérieurement en garantie ; mais cette voie est bien moins avantageuse que l'autre. D'abord, le vendeur est obligé d'aller chercher son garant à son domicile ; ensuite, il court risque d'être déchu de son droit à la garantie, dans le cas de l'art. 1640, c'est-à-dire quand il a été condamné à un jugement en dernier ressort ou dont l'appel n'est plus recevable, et que le vendeur prouve qu'il avait des moyens suffisants pour faire rejeter la demande principale. Un autre danger que pourrait courir l'acheteur, ce serait de se voir condamné à supporter définitivement les frais, si le vendeur parvenait à prouver qu'ils étaient inutiles et qu'il ne les aurait pas faits. L'acheteur fera donc bien de suivre toujours la première marche.

§.8. *Des cas où la garantie, telle que la loi l'a établie, est modifiée par la volonté expresse ou tacite des parties.*

Nous venons d'exposer la garantie telle qu'elle a lieu de plein droit dans toute vente où les parties n'ont pas exprimé leur volonté. Mais cette garantie peut être étendue ou restreinte par les parties, expressément ou tacitement (1627, 1630). Ainsi, d'un côté, on pourrait convenir que la garantie s'étendra aux cas de force majeure, au fait de souverain. Mais il faut bien se garder d'attribuer un effet pareil à cette clause devenue de style : *le vendeur garantira de tous troubles et évictions quelconques.* Car la garantie ne peut s'étendre qu'aux hypothèses spécialement prévues par ces parties : or, la clause dont nous parlons, par suite de l'abus que l'on en a fait, ne prouve pas suffisamment que les parties ont pensé à une autre garantie que celle qu'a établie le Code.

Au contraire, la garantie peut être restreinte, soit en ce qui concerne les prestations à fournir, soit en ce qui touche les faits à garantir. Ainsi, le vendeur peut se décharger de l'obligation de payer des dommages-intérêts, ou bien seulement une partie des dommages-intérêts; on pourrait stipuler une clause pénale; enfin, ce vendeur pourrait se décharger de toute espèce de garantie (1627); mais ici, il y a deux observations à faire, observations qui résultent de l'art. 1628: d'abord une clause générale par laquelle les parties stipuleraient qu'il n'y a pas lieu à garantie, ne dispenserait pas le vendeur de la garantie pour les évictions, résultant d'un fait à lui personnel; décider le contraire, ce serait favoriser la mauvaise foi. Mais l'art. 1628 ne s'oppose nullement à ce que le vendeur stipule la non-garantie de faits à lui personnels, mais spécialement prévus et énoncés. L'art. 1628 est peut-être trop général dans ses termes, mais l'équité veut qu'on le restreigne ainsi que nous l'avons fait. En effet, le seul but de cet article, c'est de garantir l'acheteur contre les piéges que le vendeur peut tendre à sa bonne foi, au moyen d'une clause générale; mais, du moment que ce danger disparaît, il n'y a plus lieu de restreindre la liberté des parties.

Mais, en tous cas, ce que nous venons de dire ne s'applique qu'aux faits personnels au vendeur antérieurs à la vente. Car on ne veut pas que le vendeur puisse se préparer l'impunité pour l'avenir: il n'y aurait là rien de licite.

Nous allons examiner quelques-unes des conventions, expresses ou tacites, en vertu desquelles le vendeur se trouve déchargé de l'obligation de garantie. Ou bien le vendeur est libéré de la seule obligation de payer des dommages-intérêts, ou bien il est libéré de toute obligation.

I. Le vendeur est libéré seulement de l'obligation de payer des dommages-intérêts : *a*) quand il y a stipulation de non-garantie ; en effet, la renonciation doit toujours être interprétée restrictivement ; on ne doit pas facilement présumer que l'acheteur a voulu s'exposer à perdre à la fois la chose et le prix. *b*) Le vendeur est encore libéré de l'obligation de payer des dommages-intérêts, quand il peut prouver qu'au moment de la vente, l'acheteur avait connaissance de la cause d'éviction ; cela résulte d'abord de l'art. 1629, qui semble placer sur la même ligne le cas où les parties ont spécialement stipulé la non-garantie, et le cas dont nous nous occupons ; cela résulte aussi de l'art. 1599. Et, en effet, cette déposition est fort équitable ; du moment où l'acheteur savait que la chose qu'il achetait était sujette à éviction, il est clair qu'il a entendu courir les risques de cette éviction : il a probablement espéré retirer de la vente des avantages qui balanceraient les inconvénients de l'éviction. Mais on ne peut croire qu'il a consenti à être tout à fait en perte, à se voir évincer la chose et à ne pouvoir en redemander le prix.

La circonstance que l'acheteur aurait eu connaissance de la cause d'éviction autrement que par une déclaration du vendeur, n'influerait pas sur la solution que nous venons de donner.

S'il s'agissait d'hypothèques grevant la chose et connues de l'acheteur, le vendeur devrait néanmoins les dommages-intérêts : peu importe que ces hypothèques aient été constituées par le vendeur ou par un propriétaire antérieur[1]. L'acheteur, en effet, a pu croire que

[1] Aubry et Rau, § 355, note 45 ; Duvergier, n° 249.

son vendeur affranchirait l'immeuble, le vendeur le pouvait et le devait; on n'est donc pas nécessairement amené à voir dans la conduite de l'acheteur une renonciation aux dommages-intérêts : or, une renonciation ne doit être présumée que quand elle résulte clairement et nécessairement des faits.

Le principe que nous venons d'établir : que l'acquéreur est censé renoncer aux dommages-intérêts quand il connaissait le danger de l'éviction, reçoit une application dans l'art. 1638. Il résulte *à contrario* de cet article que l'acheteur n'a pas de droit à des dommages-intérêts quand la servitude dont il se plaint était apparente : or, comme les dommages-intérêts sont la seule chose qui soit due en matière de servitude, il en résulte que l'acheteur est dépourvu de tout recours. Sont rangées sur la même ligne que les servitudes apparentes les servitudes légales et les servitudes militaires.

Ainsi que nous l'avons dit, le vendeur n'est déchargé de l'obligation de fournir des dommages-intérêts que parce que telle est l'intention présumée des parties. Mais si elles s'étaient exprimées à cet égard, il faudrait s'en référer à ce qu'elles auraient dit. Ainsi, malgré la connaissance que l'acheteur a de la cause d'éviction, il peut ne pas vouloir renoncer aux dommages-intérêts éventuels : pour cela, il n'a qu'à stipuler la garantie ; car, comme on ne peut pas supposer que les parties ont voulu faire une clause inutile, et que, si on ne lui attachait pas l'effet que nous lui attribuons, elle ne signifierait rien, il faut y voir l'intention de la part des parties de rétablir la garantie légale, modifiée un instant par le fait que l'acquéreur a eu connaissance de la cause d'éviction.

Toutefois, cela ne serait vrai que si le vendeur avait lui-même connaissance de la cause d'éviction; car, s'il en était autrement, ce serait favoriser la mauvaise foi de l'acheteur qui a cherché à tromper son vendeur.

En matière de servitudes, les parties pourraient étendre la garantie aux servitudes apparentes : cependant, il ne faut pas faire résulter cette extension d'une clause banale et de style, du genre de celles qu'on a coutume de mettre dans tous les contrats de vente. Ainsi, quand il est dit que le fonds est vendu franc et libre de toutes charges et servitudes, ce serait évidemment mal interpréter la volonté des parties que de voir dans une pareille clause, ou dans toute autre du même genre, une extension de la garantie légale. Du reste, c'est toujours là une question de fait.

II. Cas où le vendeur est libéré non-seulement de l'obligation de payer des dommages-intérêts, mais encore de celle de restituer le prix.

1° Quant à cette circonstance que l'acheteur connaissait la cause d'éviction, se trouve jointe cette autre circonstance que les parties ont stipulé la non-garantie, le vendeur sera déchargé de l'obligation de payer le prix. En effet, autrement cette stipulation n'aurait aucun sens; la connaissance que l'acheteur avait de la cause d'éviction affranchit déjà le vendeur de l'obligation de payer des dommages-intérêts; la clause de non-garantie serait donc inutile : or, les clauses doivent s'interpréter dans le sens avec lequel elles peuvent avoir quelque effet, plutôt que dans celui où elles n'en ont aucun (1157).

2° Le vendeur ne devra pas non plus le prix quand la vente est faite aux risques et périls de l'acheteur.

3° Enfin, il en est de même quand c'est par la faute de l'acheteur qu'il est évincé (1640).

CHAPITRE III.

DE LA RESPONSABILITÉ DES DÉFAUTS CACHÉS.

Sous le titre *De la garantie*, le Code s'occupe d'abord de la garantie pour cause d'éviction que nous venons d'examiner, et ensuite de la garantie des défauts cachés : mais ce n'est pas là, à proprement parler, une garantie ; car le mot de garantie emporte l'idée de défense ; or, dans la matière qui nous occupe, celui qui allègue un défaut caché, ne demande nullement que son vendeur vienne le défendre : tout ce que l'obligation dont nous parlons peut avoir de commun avec celle de garantie, c'est qu'elle oblige celui qui la doit à indemniser celui à qui elle est due, et, comme le Code a surtout considéré l'obligation de garantie proprement dite sous ce point de vue, il n'est pas étonnant qu'il ait vu dans la responsabilité des défauts cachés une espèce de garantie, et qu'il en ait traité dans une subdivision du chapitre de la garantie. Quoi qu'il en soit, il eût été plus exact de nommer cette obligation *responsabilité des défauts cachés*.

Les règles que le Code a tracées, étaient générales avant 1838 et s'appliquaient à toute espèce de choses ; la loi du 20 mai 1838 est venue apporter plusieurs modifications importantes, mais seulement pour certaines classes d'animaux domestiques. Nous allons exposer d'abord les règles du Code qui constituent la règle générale ; puis, nous examinons la loi de 1838 qui n'est qu'une exception,

PARTIE PREMIÈRE.

RÈGLES DU CODE EN MATIÈRE DE RESPONSABILITÉ DES DÉFAUTS CACHÉS DE LA CHOSE VENDUE.

Nous allons voir dans quels cas cette responsabilité est encourue et quels en sont les effets ?

§ 1er. *Dans quels cas la responsabilité est-elle encourue ?*

L'art. 1641 est ainsi conçu : « Le vendeur est tenu de la garantie à raison des défauts cachés de la chose vendue qui la rendent impropre à l'usage auquel on la destine, ou qui diminuent tellement cet usage que l'acheteur ne l'aurait pas acquise, ou n'en aurait donné qu'un moindre prix. »

Plusieurs idées ressortent de cette définition : d'abord, il faut qu'il s'agisse d'un défaut ; l'absence de qualité ne donnerait nullement à l'acheteur le droit de se prévaloir du bénéfice de nos articles. Ainsi, une personne achète un tableau qu'elle croyait d'un grand maître et qui n'est, en réalité, que l'œuvre d'un peintre très-peu connu ; il n'y a pas là défaut, mais absence d'une qualité. Ce n'est pas à dire pour cela que dans cette hypothèse l'acheteur soit dénué de tout recours, mais, s'il veut attaquer la vente, il ne pourra le faire que pour cause d'erreur.

Il faut, ensuite, que le vice soit caché, c'est-à-dire caché d'une manière absolue ; s'il avait été possible à l'acheteur de le découvrir, quoique, en fait, il ne l'ait pas connu, le vice ne serait caché que d'une manière relative, et il n'y aurait pas lieu d'appliquer nos articles. La simple difficulté de connaître la chose ne devrait pas être prise en considération; autrement, on tomberait dans l'arbitraire; il y aurait peu de ventes qui seraient à l'abri de toute attaque en raison des défauts cachés.

Il ressort encore de l'art. 1641 qu'il est nécessaire que le vice soit d'une certaine importance. S'il n'est pas tel que, si l'acheteur l'eût connu, il eût donné de la chose un moindre prix, ou il ne l'eût pas achetée, quel intérêt a-t-il de se plaindre? Or, *l'intérêt est la mesure des actions*.

Une quatrième condition, c'est que le vice soit inhérent à la chose. Si elle avait une valeur moindre que celle qui lui a été attribuée par l'acheteur, mais si cette dépréciation provenait non pas d'un vice inhérent à la chose, mais de circonstances extérieures, l'acheteur n'aurait certainement pas l'action redhibitoire.

Enfin, il faut que le vice ait existé au moment de la vente. Ici se présente une difficulté : sera-t-ce à l'acheteur ou bien au vendeur à prouver ce fait?

D'après la règle générale, ce serait à l'acheteur : *probatio incumbit ei qui dicit?* Mais on admet généralement que, quand il s'agit d'un vice à propos duquel la loi ou l'usage ont fixé un délai et qui se manifeste dans ce délai, l'acheteur n'a rien à prouver. Et, en effet, il y a là une présomption légale, la loi ou l'usage présument que le vice qui s'est déclaré dans le délai fixé, existait déjà antérieurement à la vente. Mais le vendeur serait admis à prouver le contraire.

La responsabilité des défauts cachés n'a pas lieu dans les ventes faites par autorité de justice (1649). C'est là une de ces dispositions que nos législateurs ont trouvée dans notre ancien Droit et qu'ils ont acceptée sans s'en rendre compte. On a dit, pour la justifier, que la Justice vend la chose *telle qu'elle est*, que les formalités dont on entourait les ventes faites par autorité de justice devaient être une garantie pour l'acheteur; enfin, que ces sortes de vente avaient toujours lieu pour un prix inférieur à la valeur réelle de l'objet. Comme l'art. 1649 est une exception et une exception qui ne se justifie que très-difficilement, il ne doit pas être étendu. Ainsi, il ne devra pas être appliqué aux ventes dans lesquelles l'intervention de la justice n'est pas nécessaire : par exemple, aux licitations entre majeurs.

Du reste, la responsabilité a lieu dans toute espèce de ventes, dans les ventes immobilières aussi bien que dans les ventes mobilières. Les travaux préparatoires sembleraient devoir faire croire le contraire ; mais rien dans le Code ne prouve que les législateurs aient voulu définitivement consacrer la distinction indiquée, comme en passant, par le tribun Faure. On ne verrait d'ailleurs pas pourquoi l'on aurait distingué; les défauts cachés dans le sens de l'art. 1641 et avec les conditions énoncées peuvent se trouver dans les immeubles aussi bien que dans les meubles, quoique cela arrive moins fréquemment. Les lois romaines citaient comme exemple l'hypothèse où une maison serait infectée d'un mauvais air. L'espèce suivante s'est présentée devant nos tribunaux : une personne avait acheté une maison qui avait l'apparence d'être solide et bien bâtie ; puis, quand on voulut l'occuper, on s'aperçut que les poutres étaient pourries et que les planchers allaient crouler. La Cour de Lyon accorda à l'acheteur la rescision de la vente ; en effet, le vice était caché et il était impossible à l'acheteur d'en prendre connaissance, puisque les apparences étaient excellentes et que certainement le vendeur n'aurait pas permis les travaux qui seuls auraient pu faire connaître le véritable état des choses.

Pour qu'un vice donne lieu à l'action redhibitoire, il n'est pas nécessaire qu'il ait été prévu par les usages locaux. Du moment qu'il réunit les caractères que nous avons énumérés, les juges peuvent l'admettre. Cependant la loi attache une assez grande importance aux usages, ainsi que cela résulte de l'art. 1648; les tribunaux feront donc bien de s'y conformer, non-seulement quant aux délais, mais aussi quant à la question de savoir quels sont les vices qui peuvent donner lieu à redhibition.

§ 2. *Des voies de recours ouvertes à l'acheteur en matière de vices redhibitoires.*

Il y a deux voies de recours ouvertes à l'acheteur : l'action appelée redhibitoire et celle que le Droit romain nommait *quanti minoris*.

Dans tous les cas, l'acheteur a le choix entre ces deux actions; il ne faudrait pas croire que l'art. 1641 a pour but de distinguer les cas où l'acheteur a l'action redhibitoire et ceux où il n'a que l'action *quanti minoris*. Au contraire, si le législateur a distingué ces deux cas, c'est pour les mettre sur la même ligne. D'ailleurs, une pareille distinction eût été une source de procès; comment savoir si la connaissance du vice aurait ou non empêché la vente? L'acquéreur seul peut le savoir; or, il ne dira jamais que ce qu'il a intérêt de dire.

L'action redhibitoire est celle en vertu de laquelle l'acheteur demande la résiliation de la vente; les choses sont remises en l'état où elles se trouvaient avant le contrat. L'acheteur a le droit de demander la restitution du prix; si la chose produit des fruits, ils se compensent avec les intérêts, sinon les intérêts seront dus. Le vendeur doit encore rembourser tous les frais du contrat. De son côté, l'acheteur doit restituer la chose avec ses accessoires et tout le bénéfice qu'il a pu en retirer.

Le vendeur doit-il des dommages-intérêts? Il faut distinguer ici si le vendeur est de bonne ou de mauvaise foi. Dans le premier cas, il est libéré par la seule restitution du prix; cela résulte positivement de l'art. 1646. Au contraire, quand le vendeur est de mauvaise foi, il est tenu à des dommages-intérêts. C'est là une différence avec l'obligation de garantie, en vertu de laquelle le vendeur doit, dans tous les cas, des dommages-intérêts, s'il y a lieu. Cette différence peut venir de ce que la responsabilité pour défauts cachés a lieu surtout en matière mobilière; or, les meubles circulent rapidement, ils peuvent être l'objet de plusieurs ventes sans que l'on s'aperçoive des vices qui peuvent les déprécier.

Souvent un vendeur qui, de fait, n'a pas connu le vice dont l'acheteur se plaint, peut cependant être considéré comme un vendeur de mauvaise foi. Il en est ainsi quand il devait connaître ce vice, en raison de sa profession: *nam imperitia culpæ annumeratur* (L. 132, D., L. 17). Ainsi, si un tonnelier me vend des tonneaux qui, par suite de la mauvaise qualité du bois, corrompent mon vin, je pourrais lui demander des dommages-intérêts, parce qu'il a dû connaître la qualité des bois qu'il emploie[1].

[1] Pothier, n° 214.

Quant à la nature de l'action redhibitoire, on peut admettre la distinction établie par Pothier au n° 224; car elle est fondée sur l'équité. Il dit qu'au point de vue de l'acheteur, l'action est indivisible; en sorte que, si l'acheteur avait plusieurs héritiers, chacun ne pourrait exercer seul l'action redhibitoire; en effet, ce serait une perte fort grande pour le vendeur que d'être forcé à reprendre une partie seulement de la chose. Au contraire, au point de vue du vendeur, l'action est divisible; en sorte que, si le vendeur laissait plusieurs héritiers, l'acheteur pourrait n'exercer l'action redhibitoire que contre l'un d'eux seulement: en effet, de quoi se plaindrait-il ? Il aura sa part de la chose, comme il l'aurait eue par un partage ; l'action redhibitoire serait exercée pour le tout, qu'il n'aurait pas plus.

L'action *quanti minoris* est celle par laquelle l'acheteur, tout en maintenant le contrat, demande une diminution de prix.

Voyons les cas où il n'y a pas lieu à recours contre le vendeur :

1° Quand le vendeur a stipulé qu'il ne serait tenu à aucune garantie ; mais une pareille stipulation ne produirait aucun effet, si le vendeur avait connaissance du vice. Décider le contraire, c'eût été favoriser la mauvaise foi du vendeur (1643).

2° L'acheteur n'a aucun recours quand, avant la vente, il avait connaissance du vice, soit que le vendeur le lui eût déclaré, soit qu'il en eût eu connaissance de toute autre manière. En effet, la loi a voulu porter secours aux acheteurs qui ont été trompés, et non pas donner à ceux qui ne l'ont pas été, un moyen de revenir sur un mauvais marché.

3° L'acheteur n'a pas non plus de recours quand la chose a péri, non-seulement par sa faute, mais encore par cas fortuit. C'est là une disposition nouvelle; d'après le Droit romain, l'acheteur n'était pas dépourvu de recours, alors même que la chose avait péri par sa faute. Notre législateur a voulu établir un système plus commode en pratique; en effet, il peut être fort difficile, après que la chose a péri, de prouver les vices qui pouvaient la déprécier. Mais c'est là une considération de fait, à laquelle le législateur n'aurait pas dû s'arrêter. — On ne pourrait cependant refuser le recours à l'acheteur, quand la chose a péri par la suite du vice dont il se plaint : c'eût été par trop injuste (1647). Ce sera à l'acheteur à prouver l'existence du vice, et à établir que c'est par suite de ce vice que la chose a péri.

La loi n'a fixé aucun délai pour intenter l'action en redhibition et l'action *quanti minoris*. Elle s'en réfère à l'usage des lieux où la vente a été faite (1648). S'il n'y a pas d'usage, ce sera au juge à fixer le délai, lequel doit toujours être très-bref. A partir de quelle époque le délai court-il? A partir du jour de la vente; cependant il en serait autrement, si un terme avait été fixé pour la délivrance, ou bien si, en l'absence de terme, le vendeur avait été mis en demeure de livrer. Il est évident que l'acheteur ne peut connaître les vices qu'à partir du jour où la chose lui a été livrée : si c'est par sa négligence que la chose ne lui a pas été livrée, il en supportera les conséquences, le délai n'en courra pas moins à partir du jour de la vente. Mais si, comme dans nos hypothèses, il n'a aucune faute à se reprocher, alors il est très-équitable de ne faire courir le délai qu'à partir du jour de la tradition.

PARTIE II.

LOI DU 20 MAI 1838.

Le système du Code était incomplet, il s'en référait trop aux usages; or, rien n'est plus indéterminé que les usages. Ce manque de précision dans la loi faisait naître des incertitudes et des contestations. Les lacunes de la loi se faisaient surtout sentir dans les ventes de certaines espèces d'animaux domestiques. C'est pour combler ces lacunes que fut faite la loi du 20 mai 1838. Elle s'occupe de trois espèces d'animaux : 1° celle qui comprend le cheval, l'âne et le mulet; 2° l'espèce bovine; 3° l'espèce ovine. Pour chacune de ces trois espèces, le législateur a fixé les vices qui devaient être considérés comme redhibitoires : le juge ne pourrait en admettre aucun autre, quand même il serait considéré comme tel par les usages locaux.

L'action *quanti minoris* n'est pas admise dans les ventes dont nous nous occupons (2). Le législateur n'a pas voulu que l'acheteur pût exercer son recours légèrement; or, on hésite plus à se servir de l'action redhibitoire que de l'action *quanti minoris*. L'art. 2 tend à diminuer les procès.

Quant au délai, il est tantôt de trente jours et tantôt de neuf. Il résulte de l'art. 3 que le délai ne court qu'à partir du jour fixé pour la livraison. Si le vendeur avait été mis en demeure, il ne courrait qu'à partir du jour de la tradition réelle; le jour de la livraison n'est pas compris dans ce délai. Si la livraison était effectuée hors du domicile du vendeur, le délai serait augmenté de un jour par cinq myriamètres de distance du domicile du vendeur au lieu où l'animal est conduit (4). L'art. 7

n'est que l'application à notre matière de l'art. 1647 du Code Napléoon.

L'acheteur doit non-seulement dans les délais établis par l'art. 3 intenter son action, il doit de plus, dans les mêmes délais, faire constater le vice, conformément à l'art. 5. L'acheteur présente une requête au juge de paix qui nomme un ou trois experts.

La demande est dispensée du préliminaire de conciliation, et elle est instruite et jugée comme matière sommaire.

L'acheteur est non recevable, quand il invoque comme vice redhibitoire la morve, le farcin ou la clavélie, et que le vendeur prouve que depuis la livraison l'animal vendu a été mis en contact avec des animaux atteints de ces maladies.

DROIT ADMINISTRATIF.

Attributions administratives des préfets.

NOTIONS HISTORIQUES.

Avant 1789, les intendants des provinces étaient les fonctionnaires correspondant à nos préfets.

Au moment où la révolution éclata, la centralisation administrative existait : elle avait été une suite de la centralisation politique, dont l'œuvre avait été terminée par Richelieu et Louis XIV. Le roi nommait les intendants, ils étaient entièrement sous sa dépendance ; et jamais aucun ne tenta, depuis Louis XIV, de se rendre indépendant. Néanmoins, le système administratif était fort imparfait. D'abord quelques-unes des généralités étaient trop grandes, un seul homme ne pouvait y suffire : ainsi le Languedoc formait une seule province, aujourd'hui huit préfets se partagent cette vaste province, et ne sont pas de trop pour l'administrer. Ensuite, rien n'était plus indéterminé que les fonctions et les attributions des intendants ; une foule de règlements les régissaient, et il y en avait beaucoup de particuliers à certaines provinces. Souvent l'intendant cumulait des fonctions judiciaires avec ses fonctions administratives. Les lois n'offraient aucune garantie aux peuples, tout était laissé à l'arbitraire.

En 1789, on fut frappé de ces inconvénients. D'abord on partagea tout le territoire en portions autant que possibles égales, et assez petites pour que les administrateurs placés à leur tête pussent s'en occuper avec fruit ; on sépara les fonctions administratives des fonctions judiciaires. On était en même temps très-vivement frappé des abus commis par les délégués de la royauté ; on était persuadé qu'il était impossible de laisser une autorité quelconque entre les mains d'un seul, et de l'empêcher d'en abuser. De là, cette défiance envers l'autorité royale, qui perdait chaque jour quelques-uns de ses attributs, et qui ne se maintenait encore que grâce au prestige qui n'était pas encore tout à fait tombé. Mais quand il fallut organiser l'administration départementale, les législateurs purent donner libre carrière à leurs idées ; il n'y avait aucune institution respectée qui les gênât, tout était à créer. Aussi l'organisation départementale, qui résulte du décret du 22 décembre 1789, est-elle l'image du gouvernement que l'on aurait voulu établir en France, si aucun obstacle ne s'était présenté. Du reste, l'organisation de l'administration est toujours en harmonie avec celle du gouvernement, ce sont les mêmes principes qui les régissent. Aussi chaque changement de gouvernement a-t-il été suivi de modifications analogues apportées dans les institutions administratives.

Le décret du 22 décembre 1789 institua une assemblée départementale, composée de membres élus par les électeurs qui nommaient les membres des assemblées politiques.

L'assemblée départementale, composée de trente-six membres, en choisissait huit pour former un directoire chargé de l'administration active. A l'assemblée départementale se trouvait adjoint un procureur-syndic chargé de la suite des affaires.

Ce décret consacrait un des grands principes qui régissent notre administration : la séparation de la délibération et de l'action. Mais il est un autre principe plus important que l'on avait méconnu : l'expérience n'avait pas encore appris, que si délibérer est le fait de plusieurs, agir est le fait d'un seul. Les événements qui suivirent n'étaient plus de nature à amener des progrès dans le système administratif : au contraire, on recula ; ce qu'il y avait de bon dans le décret du 22 décembre, on l'abandonna, et par la constitution de l'an III, l'action et la délibération furent réunies entre les mains d'une seule assemblée. Aussi, qu'en résulte-t-il ? C'est que, quand Bonaparte prit les rênes du gouvernement, le plus grand désordre régnait dans l'administration départementale ; les travaux d'utilité publique étaient tout à fait abandonnés, les rôles des contributions directes n'étaient pas faits, enfin tout allait au hasard.

Sans doute, il faut faire ici la part des événements ; mais il n'en est pas moins vrai que le système administratif avait beaucoup contribué au désordre, et qu'en temps ordinaire, il n'eût pu subsister pendant cinq ans : car, dès les premiers pas, les vices s'en seraient fait sentir.

L'établissement du gouvernement consulaire ne pouvait être efficace, s'il n'était accompagné d'une réforme administrative. Le premier consul le comprit, et aussitôt, après avoir organisé les grands corps de l'État, il s'occupa de l'administration. La loi du 28 pluviôse an VIII institua les préfets : « Le préfet est seul chargé de l'administration, » dit l'art. 3. C'était établir bien nettement la séparation de la délibération et de l'action. Cette loi pose les principes qui nous régissent; depuis, de nombreuses modifications ont été introduites; mais les bases sont restées les mêmes.

Cette défiance, qui avait fait établir les directoires de départements, n'était pas tout à fait tombée, et elle se traduisait par l'impuissance où étaient les préfets d'agir par eux-mêmes. Dès qu'une mesure un peu importante était à prendre, il fallait qu'ils recourussent au ministre. Leur marche était ainsi entravée au grand détriment de la bonne expédition des affaires; car, si l'on peut gouverner de loin, dit le préambule du décret de 1852, on n'administre bien que de près. Aujourd'hui, toute liberté d'action est rendue aux préfets; il n'y a que quelques affaires qui intéressent plus spécialement l'intérêt général de l'État, où la décision du ministre est nécessaire.

CHAPITRE PREMIER.

DU PRÉFET EN GÉNÉRAL.

Le préfet est le représentant de l'État dans le département et l'administrateur du département. Il réunit donc deux caractères, celui de représentant de l'État et celui de représentant du département; mais le premier domine; car, en cas de contestation entre le département et l'État, le préfet représente l'État.

Agent principal de l'administration générale, le préfet relève de tous les ministres, mais cependant plus particulièrement du ministre de l'intérieur; d'un autre côté, il a sous sa dépendance tous les chefs des services civils.

Il n'est aucune matière administrative qui ne touche par quelque côté aux attributions des préfets; mais ces dernières sont restreintes aux limites du département.

La règle générale, c'est que le préfet agit seul; les exceptions sont limitativement énoncées, elles ne peuvent être étendues. La liberté d'action du préfet est donc grande; mais cependant il ne peut pas en abuser; en effet, les parties qui se prétendent lésées ont toujours la voie de recours au ministre et au chef de l'État; ensuite le préfet doit rendre compte dans les formes prescrites par les instructions ministérielles.

Le préfet est nommé par le chef de l'État; aucune condition d'âge ni de capacité n'est exigée.

CHAPITRE II.

FONCTIONS DU PRÉFET.

Nous allons considérer successivement le préfet comme agent du pouvoir exécutif et ensuite comme administrateur du département.

§ 1ᵉʳ. *Du préfet comme agent du pouvoir exécutif.*

Le préfet reçoit les lois, les ordonnances et les règlements, et les communique aux agents inférieurs pour les faire exécuter. D'un autre côté, tous ceux qui ont des réclamations à exercer auprès du pouvoir central s'adressent d'abord au préfet, par l'intermédiaire duquel ces réclamations sont transmises.

Une des plus importantes fonctions du préfet consiste à procurer l'action aux agents placés sous sa dépendance: « L'administrateur du département, disait le rapporteur de la loi du 28 pluviôse an VIII, a moins à faire par lui-même qu'à mettre le sous-administrateur dans l'obligation de faire. » Cette phrase résume toute l'administration des préfets, et la suite du discours du rapporteur développe cette pensée. Donner des instructions à ses subordonnés, les pousser à l'exécution des mesures qu'ils doivent prendre, les diriger, vérifier le résultat de leurs travaux, approuver ou rejeter ceux des actes qui ont besoin de vérification et d'approbation, réformer les actes contraires aux lois, punir par voie de suspension ou de destitution, tels sont les moyens divers dont se sert le préfet pour procurer l'action. Dans toutes les matières administratives, on sent l'influence du préfet; il donne l'impulsion à toutes les administrations, il en est en quelque sorte l'âme; il en fait un seul corps; les administrations, ainsi reliées entre elles, sont rattachées à l'État également par l'intermédiaire du préfet. C'est donc l'institution des préfets qui contribue le plus à former cette unité qui fait la force de la France.

Entrons dans le détail des attributions des préfets : une des principales consiste dans le droit de nomination qui encore a été étendu par la loi du 25 mars 1852. Le préfet nomme les maires dans les communes de moins de 3000 habitants, et les commissaires de police dans celles qui ont moins de 6000 habitants, les directeurs des bureaux de poste aux lettres dont le revenu ne dépasse pas 1000 fr., les directeurs des maisons d'arrêt et des prisons départementales, des dépôts de mendicité, des établissements de bienfaisance, les receveurs municipaux dans les villes dont le revenu ne dépasse pas 300,000 fr., les préposés en chef de l'octroi, les architectes et une foule d'autres dont les fonctions sont moins importantes. Toutes ces nominations sont faites sur la présentation des chefs de service.

Un droit corrélatif à celui que nous venons d'examiner, c'est le droit de destitution : mais il n'est pas aussi étendu que l'autre : c'est qu'en effet le droit de destituer est un droit d'une très-grande importance. On comprend fort bien que le préfet ne puisse pas destituer les fonctionnaires qu'il nomme. En effet, s'il nomme des fonctionnaires incapables ou indignes, le mal est vite réparé, leur incapacité ou leur indignité ne peut rester cachée au gouvernement. Mais si, se laissant prévenir, le préfet destituait des fonctionnaires capables, le mal serait souvent irréparable : d'ailleurs, il y aurait des inconvénients à mettre à la discrétion des préfets, des fonctionnaires qui, quoique nommés par eux, peuvent, en raison de leurs fonctions, se trouver en opposition avec eux.

Cependant il est nécessaire que les préfets aient des moyens prompts d'arrêter et de prévenir le mauvais vouloir des agens placés sous leurs ordres : voilà pourquoi ils ont le droit de suspendre. La loi leur accorde même le droit de suspendre dans certains cas les conseils municipaux et les conseils généraux : par exemple, dans le cas où un conseil municipal ou bien un conseil général se serait mis en communication avec un autre conseil municipal ou un autre conseil général.

Le préfet a un droit de surveillance sur tous les agents administratifs du département. A l'égard des maires, il a un droit spécial : le maire prend des arrêtés, mais ces arrêtés ne sont pas exécutoires par eux-mêmes, il faut que le préfet les ait rendus exécutoires. Il y a cependant à distinguer ici entre les arrêtés temporaires et les arrêtés permanents : les premiers sont exécutoires de suite ; mais le préfet peut en suspendre l'exécution. Quant aux arrêtés permanents, l'approbation expresse du préfet n'est pas indispensable ; ils peuvent être exécutés quand ils ont reçu l'approbation tacite : cette approbation résulte du silence du préfet pendant le mois qui suit la remise de l'ampliation de l'arrêté. En tous cas, si l'exécution présentait des inconvénients imprévus, le préfet pourrait suspendre ou annuler l'arrêté, mais jamais le modifier. En effet, modifier un arrêté ce serait se mettre à la place du maire ; or, le préfet n'a pas ce droit.

Le préfet exerce à l'égard des communes et autres établissements publics une partie des fonctions qui constituent la tutelle administrative : ainsi, il autorise les baux à donner ou à prendre, quelle qu'en soit la durée (décr. du 23 mars 1852, tab. A, n° 44). Avant 1852, un décret était nécessaire pour les baux excédant dix-huit ans. Les acquisitions, les aliénations et les partages des communaux doivent être autorisés par les préfets ; ils ont aussi à approuver les marchés et les contrats passés par les communes ; à autoriser l'acceptation des donations et des legs faits aux communes, excepté quand il y a réclamation des familles ; quant aux refus des donations et des legs, le décret de 1852 n'a rien modifié à leur égard ; le préfet ne peut donc pas les autoriser : un décret est nécessaire : c'est qu'en effet un refus a des conséquences plus graves qu'une acceptation. Le préfet peut encore autoriser les transactions sur toutes sortes de biens, quelle qu'en soit la valeur (tab. A, n° 43);

il arrête les budgets, lorsqu'ils ne donnent pas lieu à des impositions extraordinaires; d'après le décret de 1852, tab. A, n°s 36 et 37, il pouvait autoriser ces impositions extraordinaires pour dépenses facultatives pour une durée de cinq années ou jusqu'à concurrence de vingt centimes additionnels; les emprunts, pourvu que le terme du remboursement n'excédait pas dix années. Mais ces deux dispositions ont été abrogées par la loi du 10 juin 1853. Aujourd'hui un décret est donc nécessaire pour autoriser les impositions extraordinaires et les emprunts.

Le préfet règle le mode de jouissance en nature des biens communaux, quelle que soit la nature de l'acte primitif qui ait approuvé le mode actuel.

Pour donner une nomenclature complète des attributions des préfets, il faudrait parcourir toutes les matières du Droit administratif; nous ne prendrons que les plus importantes : le domaine national, la voirie, les impôts, la police, les travaux publics, le contentieux.

1° En matière de domaine, les attributions des préfets sont très-importantes. Ils ne gèrent pas; la gestion est confiée à l'administration des domaines et à celle des forêts, mais ils représentent l'État; ils président aux baux administratifs, aux adjudications d'immeubles; ils plaident seuls au nom de l'État; ils intentent les actions au nom de l'État, sans avoir besoin ni de l'autorisation ni de l'avis du conseil de préfecture : il en est de même pour la défense.

2° *Travaux publics et voirie*[1].—Le préfet autorise sur les cours d'eau navigables ou flottables des prises d'eau

[1] Tabl. D.

faites au moyen de machines, et qui, eu égard au volume du cours d'eau, n'auraient pas pour effet d'en altérer sensiblement le régime ; il autorise des établissements temporaires sur ces cours d'eau, alors même qu'ils auraient pour effet de modifier le régime ou le niveau des eaux ; la durée doit en être fixée ; il autorise encore tout établissement nouveau sur les cours d'eau non navigables ni flottables ; il régularise l'existence de ces établissements, lorsqu'ils ne sont pas encore pourvus d'autorisation régulière ; il est chargé de la direction et confection des travaux, pour la confection des routes, canaux et autres ouvrages publics autorisés dans le département (L. du 22 décembre 1789). Les entreprises qui ont pour objet la confection des routes d'une dépense n'excédant pas 20,000 fr. et des chemins vicinaux sont autorisées par arrêté du préfet[1]. L'arrêté doit désigner les localités sur lesquelles doivent porter les travaux.

En matière d'expropriation forcée, c'est le préfet qui dirige la procédure. D'abord, par un arrêté, il détermine les propriétés qui doivent être cédées, et indique l'époque à laquelle il sera nécessaire d'en prendre possession. A défaut de convention avec les propriétaires, il saisit le tribunal de la demande en expropriation.

Le préfet donne l'alignement en matière de grande voirie ; il déclare la vicinalité en matière de petite vicinalité.

3° *Impôts.* — Si le conseil général refusait de faire la répartition de l'impôt entre les arrondissements, le préfet pourrait la faire à la place du conseil. Quand les opérations cadastrales sont terminées, le préfet fixe

---

[1] Ord. du 29 mai 1838.

définitivement le revenu imposable. C'est lui qui rend les rôles exécutoires, au moyen d'un arrêté; il prononce sur les demandes en remise ou modération de l'impôt. Il statue en matière de contributions indirectes, sur les transactions ayant pour objet les contraventions en matière de poudre à feu, lorsque la valeur des amendes et confiscations ne s'élève pas au delà de 1000 fr.

4° *Police.* — Le préfet est chef de la police du département. Il est un grand nombre de cas où il agit par lui-même : ainsi, il autorise les établissements insalubres de première classe; les fabriques et ateliers dans le rayon des douanes; il réglemente la boucherie, la boulangerie et la vente des comestibles sur les foires et les marchés; il donne les autorisations nécessaires aux colporteurs de livres et d'écrits; il exerce une surveillance très-active sur la presse périodique : c'est ainsi qu'il est chargé de donner des avertissements aux journaux, droit fort important, puisqu'il peut amener la suspension; il surveille les maisons de justice et les prisons.

5° *Contentieux.* — D'abord, le préfet préside le conseil de préfecture siégeant au contentieux; en outre, il a une juridiction qui lui est propre : ainsi il prononce comme juge en matière de marchés de fournitures passés avec les régies; sur les difficultés relatives à l'interprétation des baux entre les communes et les fermiers de l'octroi.

L'énumération de ces attributions n'est que limitative; pour la compléter, il faudrait reproduire toutes les lois, toutes les ordonnances et autres actes du pouvoir législatif et exécutif rendus sur cette matière depuis 1789.

§ 2. Du préfet administrateur du département.

Dans l'origine, le département ne formait pas une personne morale ; il n'avait pas de propriétés, d'intérêts distincts de ceux de l'État, par conséquent il n'avait pas besoin d'administrateur. Le préfet n'était donc absolument qu'agent du pouvoir exécutif.

Mais en 1811 un décret donna aux départements des édifices et des routes à la charge de les entretenir ; depuis, plusieurs lois, et particulièrement celle du 22 juin 1833 et celle du 10 mai 1838, ont reconnu au département le caractère de personne morale. Aujourd'hui il a un patrimoine, qui peut s'accroître par des dons et des legs. Le département a des biens corporels et des biens incorporels : ses biens corporels se composent de meubles et d'immeubles. Les meubles meublants des préfectures et des sous-préfectures, les bibliothèques départementales, les archives, le mobilier des écoles, des hospices, des prisons : voilà ce qui compose la fortune mobilière du département. Quant aux immeubles, ce sont : les maisons de correction et de refuge, les hospices, les écoles, les palais de justice, les bâtiments des préfectures et des sous-préfectures.

Le domaine incorporel se compose de droits de péage et de rentes sur le grand livre ; ces rentes sont destinées à payer les pensions de retraite des employés des préfectures.

Presque tous les biens du département sont affectés à un service public. Ils sont administrés par le préfet et le conseil général.

Le préfet autorise les délibérations du conseil général relatives à des acquisitions, aliénations et échanges de propriétés départementales non affectées à un service public. Le préfet peut accepter les dons et les legs qui ne sont affectés d'aucune charge. Il statue sur les modes de gestion des propriétés départementales; sur les baux des biens donnés ou pris à ferme ou à loyer par le département; les autorisations d'ester en justice et les transactions qui concernent les droits des départements; les contrats à passer pour l'assurance des bâtiments départementaux; les projets, plans et devis de travaux exécutés sur les fonds du département, et qui n'engagent pas la question de système ou de régime intérieur, en ce qui concerne les prisons départementales ou les asiles d'aliénés; les adjudications des travaux; les acquisitions de meubles pour la préfecture, et les réparations à faire au mobilier; l'achat sur les fonds départementaux d'ouvrages administratifs destinés aux bibliothèques des préfectures et des sous-préfectures.

Le préfet est chargé de présenter le budget départemental au conseil général.

CHAPITRE III.

COMMENT LE PRÉFET EXERCE-T-IL SON AUTORITÉ?

Le préfet exerce son autorité au moyen d'arrêtés; il se met en communication avec les agents placés sous sa dépendance au moyen de lettres missives et de circulaires.

Le préfet prend ses arrêtés tantôt seul, tantôt après avoir consulté, soit le conseil de préfecture, soit certains fonctionnaires désignés pour un certain nombre de cas spéciaux.

En général, il est tenu de consulter le conseil de

préfecture lorsque les intérêts collectifs du département sont en jeu ; au contraire, quand il s'agit des intérêts directs de l'État, il prend ses arrêtés seul[1]. La règle générale est que le préfet agit seul ; les cas où l'avis du conseil de préfecture est requis, sont limitativement indiqués par les lois ; et, dans tous les cas où il consulte le conseil, il n'est pas tenu de se conformer à son avis. Il lui est en outre toujours permis d'y recourir, pour s'éclairer.

Le tableau C du décret du 25 mars 1852 indique des cas où le préfet doit consulter le conseil de préfecture.

Il en est d'autres où le préfet doit prendre l'avis de certains fonctionnaires ; ainsi, il consultera l'ingénieur en chef quand il exercera l'une des attributions énumérées au tableau D du décret. Les nominations qu'il a le droit de faire, il les fait sur la présentation des chefs de service.

Quand l'avis du conseil de préfecture est obligatoire, l'arrêté doit mentionner qu'il a été pris, autrement il serait nul.

Les arrêtés rendus en matière purement administrative peuvent être attaqués par voie de recours gracieux, c'est-à-dire que ceux qui voudront faire réformer l'arrêté, s'adresseront d'abord au préfet lui-même, puis au ministre. Si l'arrêté a été rendu en matière contentieuse, on suivra la voie contentieuse.

Chaque année le préfet rend au conseil général un compte moral de son administration. De plus, il est tenu de rendre compte de ses actes aux ministres compétents dans les formes et pour les objets déterminés

---

[1] Laferrière, II, tit. I, chap. I, liv. II.

par les instructions : et ceux de ces actes qui seraient contraires aux lois et règlements, pourront être annulés ou réformés par les ministres compétents (art. 6).

Nous terminerons en faisant remarquer qu'il y a un certain nombre d'affaires d'intérêt plus spécialement général, dont la loi a réservé la décision à l'administration supérieure. Ce sont là des exceptions, et, nous le répétons, en général le préfet administre par lui-même.

Vu par le professeur désigné pour présider l'acte public.
Strasbourg, le 10 août 1856.   C. DESTRAIS.

Permis d'imprimer,
Pour le Recteur en tournée,
L'Inspecteur délégué,

www.ingramcontent.com/pod-product-compliance
Lightning Source LLC
LaVergne TN
LVHW020946090426
835512LV00009B/1722